※此書內頁之所有
照片、圖片均僅為
裝飾、美化版面，
與文中所談論之議
題或內容無關。

她們的韓國夢

打工度假的美好與幻滅

FION——著

推薦序

所有美好與不好的想像，都該親自去印證

知韓文化協會執行長／朱立熙

二〇〇九年，臺灣與韓國推出打工度假政策的一年前，我剛好到韓國出差，與當時在韓國的「臺灣婦女會」會長通了很久的電話，當時的會員約只有一百二十人，分布韓國各地，每個月她們會在南韓各分部舉行聚會聯誼，每次大概有二、三十人參加，就算很多了。會長告訴我，每次聚會的話題都是韓國生活的交流，有喜樂也有悲苦。這些嫁到韓國的臺灣婦女，長則二十五年、短則一年，她說：「每個人的故事都可以寫成一本書了，而且很多都不是幸福的童話故事。」

將近十年沒有聯絡，臺灣婦女會成員應該已擴大了幾十倍，且可以想見，韓流盛行，到韓國念書、工作甚至嫁作人婦的應該為數不少。面對現實生活，遇到好人固然會對該國家印象良好，但若遇人不淑，再加上文化

差異、適應不良等問題，就得需要更多面對難關的勇氣。

儘管臺韓同樣屬於民主化成功的「儒家文化圈」國家，都相當自由、民主、開放，去旅行也算安全，但兩國習俗、生活習慣與社會文化卻存在頗大差異，像是族群的多元化與一元化；臺灣較崇尚個人主義，而韓國注重「集體」的概念，較團結、排外；韓國在社會及男女地位上，仍有較明顯的尊卑階級；人民個性也有含蓄內斂與直接粗曠的不同，體現在社會氛圍上，韓國也比臺灣環境更高壓、講究快速有效率……還有無數差異，實在無法盡述。韓國社會變遷快速，如今的樣貌與我二十年前在韓國的所見所聞一定差別甚大，但相信近年來以打工度假簽證到南韓居住過一年的年輕世代，一定也實際體會到了這些文化差異。

拓展視野最好的方法，無非是親身去體會。我鼓勵所有對韓國存有美好或不好想像的年輕世代，都能運用遊、留學或打工度假的方式，實地體驗且深入觀察當地的生活，才能真正了解自己原本的印象到底是真是假。畢竟五光十色的亮麗只是其中一個面向，韓國絕對不是滿街都是花美男或像「少女時代」一樣的美女。影視文化是透過精緻包裝與完美行銷策略，展現最美好的面貌，而韓國社會的複雜程度絕非輕易能看透。

我從事韓國研究近半世紀，仍不敢聲稱自己真正「懂韓國」，然而打工度假確實比身在臺灣能看到更多真實的面貌。在沒有充分的心理準備及對當地社會文化深入了解前，貿然做出長期居留的決定是對人生的一場豪賭。與其舉棋不定，不如馬上親自去看看，但切記懷抱理智、冷靜的心去觀察與體驗，不被一時的光鮮亮麗炫惑。如同本書中，「她們的韓國夢」是美好或幻滅？我想一定因人而異，但這都是開拓視野的良機，而不是決定你一生的唯一選擇。

—推薦序—

別害怕迷惘，勇敢闖出更巨大的能量

東吳大學社會學系助理教授／何撒娜

二〇一〇年一月一日，我得到「韓國國際交流財團」（Korea Foundation）的支持，第一次踏上韓國的土地，展開在韓國的生活，一直到二〇一四年七月底搬回臺灣擔任教職為止。Fion則是在二〇一三年夏天抵達韓國，更在那裡建立起自己的家庭。這麼說起來，其實我倆在韓國的日子曾經有段重疊的時光，可惜的是當時不曾有交集，即使在韓國生活的臺灣人為數不多，要說箇中原因，多少有些與Fion在書中提到的現象有關。

我住在韓國主要是為了進行韓國研究，因此都在學術圈活動。我天真的以為，憑藉我在美國留學時學到的破爛韓語，以及不上不下、勉強堪用的英語程度，應該可以順利打入韓國社會，就像我曾經歷過的其他跨文化工作與生活經驗一樣。

沒想到，韓國讓我踢到了鐵板。

在韓國生活一年後，我發現自己熟識、常常往來的朋友，大多是來自外國的韓國研究學者，與韓國當地的朋友卻完全沒有深交。雖然跟外國朋友在一起很開心，但那並不是我千里迢迢跑到韓國生活的目的。因此，我從第二年開始痛下決心，只跟韓國人往來，其他講英語、華語的一概不來往，想逼自己更深入韓國的社會生活。後來回想，我所採用的這種「焦土政策」算是成功，我的確因此與更多韓國朋友有所深交，拓展我在當地的人脈，但也因此沒有機會認識其他來自臺灣的夥伴，包括Fion。

本書中提到的這些夢想到韓國生活或工作的女孩們，也顯示出東亞政治經濟環境的轉變。二〇〇八年，我在美國準備前往韓國進行研究時，臺灣哈韓風潮還未如此強盛，很多人覺得是韓流帶動了從臺灣向韓國移動的風潮，但我認為這只是其中一個原因。韓流在臺灣的影響，呈現出來更多的是韓、臺兩個國家之間政治、經濟勢力的消長，而通常來說，女性比起男性更容易向強勢國家流動。除了婚姻移民，也因後工業社會的來臨，服務業興起成為主要經濟部門，女性因此更容易在外國找到相關工作機會，這也是之所以書中案例多為女性的原因。

這些想在韓國生活的女孩，對人生多半還帶有好些迷惘，韓國成為人生的暫停鍵，給予一段休息、思考、重啟的時間。為了給自己一個機會，她們努力克服異鄉的各種挫折、挑戰與孤單，在在讓我感同身受，更想起自己在韓國從nobody到somebody的打拚經驗：我遭遇過因韓語能力不足所帶來的隔閡與歧視，也經歷過身為外國人，既享有某種便利特權、又在某些時刻被視為外人的悲哀；我曾與加入「韓妻俱樂部」的姻緣擦身而過，也曾為了要繼續留在韓國發展還是離開而徬徨。然而，縱使在韓國的那段生活有各種不容易，卻也成為我生命中的豐富養分，獲得繼續往前走的助力。

因此我很羨慕Fion，她也有著我所不曾有的經驗，並且在閱讀她的觀察與紀錄時，得以一窺我不曾有機會跨入的職場領域，理解不曾有機會接觸的人們處境。更重要的是，無論身在何處，Fion在結語中所說的一句話都完全適用：「傻的不是夢，而是永遠不行動！」希望這本書能帶給更多正處在迷惘中的年輕世代積極的能量，不論在什麼地方，都能勇敢的行動，為自己帶來圓夢的希望。

—推薦序—

遇見他者，找到自我

臺灣東北亞學會副祕書長／董思齊

一九七〇年代，臺灣教育界曾流行過這樣的一段話：「來來來，來臺大；去去去，去美國。」但一直到二〇一〇年之前，應該從沒人想過會有這麼一天，席捲世界的韓流熱潮，會讓「去韓國」成為臺灣青年所熱衷的選項。只是，與過往實現「美國夢」的方法有所不同，在臺韓兩國於二〇一〇年簽訂「打工度假協定」後，今日臺灣青年實現「韓國夢」的手段，已不再只有出國留學這個方式，還出現了可以一邊工作賺錢，又能一邊體驗韓國生活的「打工度假」。

但既然曰「夢」，就意謂著懷抱想像，自然也代表在想像與現實之間，可能會存在不小的差距，甚至是有巨大的鴻溝。

相似卻又不同的臺、韓兩國

對以政治學的「韓國研究」做為終身志業的我來說，則是非常能了解與體會本書中這些臺灣青年的經歷與心路歷程。因為，儘管時空背景以及動機上不盡相同，事實上我也曾是那抱著「韓國夢」、前往韓國的臺灣青年之一。

從政治實務上來看，韓半島對臺灣有著不言可喻的重要性，在近代史上，若韓半島發生巨變，都會影響到臺灣的前途與地位：清日戰爭的爆發，使臺灣成為日本的殖民地；韓戰之爆發，則讓原本「轉進」至臺灣的國民政府出現喘息機會；而韓戰後續所出現的美蘇冷戰格局，更造就中華民國在臺灣的立足機會。

而臺灣與南韓在國家發展過程上也有著極為相似的面貌：兩個國家都經歷過日本殖民統治；兩國在戰爭威脅之下，成為堅決抵抗共產政權的親密戰友；兩國亦在差不多的時間點上成就了經濟發展，實現了政治民主化。但兩國在發展路徑上又有著不同的選擇（例如大財閥vs.中小企業），這使得臺灣與韓國成為政治學的比較研究中最佳的「同中求異」或「異中求同」的比較研究對象。是以好的「韓國研究」，將能提供臺灣很好的對照點與參考座標。

實現我的「韓國夢」

只是在一九九二年臺、韓斷交之後，臺灣學界對於韓國的關注逐漸降低，同時更缺乏有能力運用韓文進行韓國研究的人才。而我懷抱著成為能使用流暢韓文進行韓國政治研究的夢想，雖然已年過三十，終於在獲得「韓國國際交流財團」的獎助支持之下，於二〇〇六年三月二十三日赴韓，之後透過申請各種不同的研究獎助，展開將近五年的韓國學習與研究生活，也開啟了至今的韓國研究生涯。

當時的韓流風潮還不若今日，因此個人所體驗到的韓國社會與文化，和Fion在書中所描述的狀況也有若干差異之處，但書中每一位主人翁所經歷的艱辛歷程與心境之變化，仍舊引起我極大共鳴，也讓我不斷回想起那段找尋自我價值與認同的人生歷程。而在對韓國有了真實的認識之後，也讓我更加確立自己所希望追求的臺灣價值。

透過對「他者」的認識找到自我 ///

Fion依據自身體驗以及對多位透過「打工度假」的方式到韓國討生活、過日子的臺灣青年之貼身觀察，撰寫出一篇篇真實到幾近殘酷、關於追尋「韓國夢」的故事。而在她筆下的這些臺灣青年，不論一開始是出於何種原因而選擇韓國，大多在透過與「韓國」這個他者的互動之下，逐漸找到屬於自己的人生道路。也因此，我們可以看到一個很清楚的圖像：對自我仍有些迷惘或認同困境的人，有機會在透過面對「他者」之後，尋找到自身的「認同」。

衷心希望讀完這本書的讀者們，除了透過本書更加認識「韓國」這個國家，最終也能透過對「他者」的認識（不管這個「他者」是不是韓國），找到屬於自我的認同，以及安身立命之所在。

目錄

前言　為什麼要來韓國？　014

PART 1　踏出韓國夢的第一步

前所未見的簽證申請熱潮　020

學習兼玩樂，體驗韓國生活　028

投入韓國職場，徹底融入社會　038

打工度假潛規則　042

PART 2　有美好、有幻滅，她們的逐夢之路

東大門的日與夜　050

創造人生的第一個分號 069
不斷嘗試與冒險，累積人生能量 084
就是想待在韓國 098
韓國、菲律賓、臺灣的尋愛旅程 111
對韓國的想像幻滅了 120

PART 3

闖蕩韓國職場，你該知道的事

臺灣人的品牌力 136
不會講韓文，也能在韓國工作？ 145
韓國企業裡的外國人 153
韓國企業的真實概況 160
有趣？難適應？韓國職場文化 174

結語　傻的不是夢，而是永遠不行動 188

—前言—

為什麼要來韓國？

過往在討論人口跨國遷移的原因時，常以「推拉」（push and pull）做為解釋：母國貧窮的推力，富裕國高薪資的拉力，兩種力量交互作用，造成人們遷徙。但許多統計資料證明，經濟因素之外，還有其他因素帶來影響，包括母國社會對成就、探索的概念，以及全球化的脈絡中所形塑對於現代性的想像[1]。

臺灣有不少針對青年赴澳打工度假的研究，整理出青年赴澳動機：高薪、對西方現代化的憧憬、自我實踐、累積經驗與文化資本等[2]。

我接觸幾十名來韓國追夢的女孩，提問：「為什麼想來韓國？」得到的答案大多是：「想來韓國生活一陣子。」再往下深究，會發現大部分人決定來韓國long stay之前，已經來觀光過好幾次，或學了好一陣子韓語。有的人看了韓劇覺得很嚮往，有的是喜歡追星迷偶像，有的在網路上交了韓國男友，有的則想在職業生涯轉換跑道時，休息一下。

「為什麼來韓國？」也是許多住在韓國的臺灣部落客、youtuber最頻繁被網友問到的問題。似乎每個人都想聽聽別人的說法，來映照自己的動機並不孤單。

韓流文化成為起因之一

先講講我自己好了。二〇一〇年，我到越南工作，平常生活最大的娛樂就是在網路看各種綜藝節目、戲劇。二〇一二年，我迷上韓國綜藝節目《Running Man》，每天下班回到宿舍，第一件事就是打開電腦，看節目配晚餐。這個節目在二〇一〇年開播，我從第一集開始看起，有近一百集的

1：出自藍佩嘉著書，二〇〇八，《跨國灰姑娘：當東南亞幫傭遇上臺灣新富家庭》。
2：出自陳稚璽碩論，二〇一七，《臺澳政治經濟結構下的打工度假的性別、身體與國族》。

進度得追。節目每集九十到一百分鐘，我可以一天一口氣看個兩、三集，等於下班後所有時間都拿來看韓綜了。因為實在看得太多，常常忘了自己的進度到哪，乾脆用word整理進度表，順手把每一集有哪些來賓、在哪拍攝、有哪些爆笑點、當天看到第幾集幾分幾秒……全部記錄下來，可能比寫工作週報還要認真。

就這樣每天沉迷於韓綜，有天覺得「如果我可以一邊看韓綜一邊做其他事情就太好了」。就像在臺灣看電視，偶爾起身上個廁所、拿個零食也不會錯過內容，因為我「聽得懂」，不會因為倚賴中文字幕而離不開電腦螢幕。就這樣，我開始自學韓文，接著找了線上家教一對一教學。

二〇一三年離職後，打算休息一陣子再出發，心想乾脆就順便把韓文念一念吧，於是我報名了韓國的語學堂。原本打算念個兩學期、半年，但每念完一學期，就覺得「現在這個程度還不夠用」，又繼續報名。後來在二〇一四年開設粉專，在網路上書寫韓國生活日常，接到專欄、出書的邀請，後來和韓國男友結婚，從旅居韓國變成了定居。

真要追究，促使我來韓國的原始動機，可以說是《Running Man》這個紅

有次和朋友在弘大遇見《Running Man》主持人之一的哈哈，當下真的激動萬分。

遍全亞洲的韓國綜藝節目。而當我在粉專公布結婚時，竟收到許多女孩「好羨慕妳喔！」的訊息。似乎嫁給韓國人，是在對韓國有嚮往的人心中所期待的選項之一。

但韓國生活真的這麼好嗎？這個被韓國年輕人形容成「地獄」的國度，時常被臺灣媒體用聳動的詞彙來往黑裡打，為什麼卻依然阻擋不了臺灣女孩們尋夢的決心呢？他們尋的是什麼夢？實際又過著怎麼樣的生活呢？

PART 1

踏出韓國夢的第一步

早期只開放四百個打工度假名額時，
就算到年底都還可能有缺額，
沒想到從二〇一五年開始，演變成一個月、
甚至一天內就「斷貨」的搶手情況。

前所未見的簽證申請熱潮

為壯遊攢旅費，邊打工邊度假

有人形容這世界是個地球村，把國與國拿鄰居作比喻，帶著人情味。我們以為自己能自由移動，但其實沒有簽證就進不了某些國度，而你在別的國家能做的事，也都受限於簽證核許的範圍。

旅遊簽證最簡單常見，尤其臺韓在二〇〇三年實施互免簽證，只要持臺灣護照、不需簽證就可以到韓國待三十天。二〇一二年更將期限從三十天延長至九十天，讓想要long stay觀光的哈韓族或寒、暑假遊學團能夠更加彈性。

韓國政府發行的簽證共有十大種類，包括：外交（A類）、觀光（B類）、留遊學及投資（D類）、工作（E類）、依親（F類）等。臺灣人有九十天免簽，所以最常需要申請的簽證是D2（留學、交換學生）、D4（到韓國語學堂學韓文）、E7（特種工作簽）、F6（結婚移民），再來就是每年八百個名額的H1（打工度假簽）。

其中，打工度假（Working Holiday）是一種特殊的簽證，結合在國外「打工」及「度假」的性質。若追本溯源，打工度假的概念出現在十六世紀的歐洲，當時歐洲貴族仕紳的子弟，以長途跋涉、具有挑戰性的深度旅行做為成年儀式，謂之「壯遊」（Grand Tour）。到了近代，發展成Gap Year，不少西方青年在大學入學前或踏入社會前，會先用一段長時間到各地旅行、增廣視野。

到國外長時間旅行的成本不低，於是出現打工度假這種簽證機制，讓進行壯遊的青年能在當國合法工作，賺取旅費後再次上路。這同時也是促進外交關係的一種手段，所以打工度假大多是兩國之間互相協議，你給我多少名額，我也給你多少名額（澳洲為特例，因天然資源雄厚、地廣人稀又缺工的狀態下，招收名額並無上限）。

二〇〇四年，臺灣與紐西蘭、澳洲簽訂「打工度假計畫協議」及「打工度假合作備忘錄」，開啟這股「到國外long stay」的風潮。之後臺灣又分別與日本、加拿大、韓國、英國、法國等十五個國家簽訂協議，讓更多臺灣青年可以持打工度假證飛往各個國度。其中，澳洲因為語言較無障礙、申請人數無上限，加上到「澳洲打工存第一桶金」的各式新聞推波助瀾，在所有打工度假選項中最為顯眼。至二〇一六年，累積到澳洲打工度假的臺灣青年已超過十七萬人次。

而韓國與臺灣在二〇一〇年簽訂協議，開放每年四百個打工度假名額，二〇一八年增額至八百名。早期申請的狀況並不算熱門，就算到年底都還會有缺額；但從二〇一五年開始，變成一個月內、甚至一天內就「斷貨」的搶手情況。「先把簽證申請好，放到幾個月後再出發也可以」是許多人在前一年的十二月就在心裡盤算的計畫。

一年比一年更激烈///

二〇一七年一月四日星期三，天色才濛濛亮的清晨五點四十一分，我床頭邊的手機亮了起來。「姐姐，已經開始發號碼牌了！」接著傳來一張照片，在一間貌似會議室的空間裡，穿著厚外套的少女們正列隊等待。半開的木門上貼著白色A3大小的紙，上面寫著「二〇一七年韓國打工度假簽證　號碼牌發放處」。

這是所有計畫到韓國打工度假的臺灣人最緊張的一天。位於信義路和基隆路交叉口附近的世貿大樓，從前一天晚上十點多就有少女在一樓門口徹夜排隊，等著隔天一早領號碼牌。

「我和朋友晚上七點經過時，看沒人排隊，就跑去看電影。」排在隊伍第二位的Amy說：「看完電影回來，十點多，發現有一個女生在等了。我們想說那就一起等吧！後來陸陸續續也一直有人加入排隊行列。」

原本早上才開門辦公的駐臺北韓國代表處，幾位員工在這一天提早上班，捷運第一班車都還沒開就已經到達辦公室。有人負責審核護照、發放號碼牌，有人負責管理秩序，一一詢問：「你是要申請打工度假簽證的嗎？在這裡排隊。」或大喊：「已經拿到號碼牌的人請離開走廊，不要停留在這裡。」

時間回到前一天，一月三日星期二的下午。

我走進臺北世貿大樓，搭到十五樓、出電梯右轉，踏入韓國代表處的辦公室。坐在櫃檯後方、隔著玻璃隔板，有三位工作人員分別處理著不同業務。邊挾著話筒、邊翻看文件，還能用手勢向同事發指令的，是處理簽證業務的姜小姐。她在此工作已久，卻也對現在打工度假的熱門程度嘖嘖稱奇。「去年排隊的人實在太多，辦公室、外面走廊都不夠排，只好排到樓梯間。」姜小姐說：「排到樓梯間還是不夠，一直往下排了好幾層樓呢。」

韓國代表處位於十五樓，排隊的人龍卻一路綿延到九樓。世貿大樓除了公司行號，還有包括義大利、德國、瑞典等各國駐臺代表機構，在維安上有較謹慎的考量，這陣仗不僅嚇壞工作人員，也驚動了大樓警衛。來到二〇一七年的申請時刻，工作人員和大樓警衛都絲毫不敢大意，嚴陣以待。

我問：「那明天是九點發號碼牌嗎？沒有打算早一點？」

2018年開放申請當天一早的排隊盛況。（照片提供／Facebook專頁「韓國手搗耳眼腳魔」；拍攝／Blair Lee）。

申請韓國打工度假簽證得跑三趟。第一趟：開辦當天先領號碼牌。第二趟：於指定日期前來申請。第三趟：申請一週後取件。其中「領號碼牌」這一趟最競爭激烈，不少人會前一天晚上就來排隊。

姜小姐眼神閃爍：「就照公告的時間囉。」

後來我才明白，姜小姐閃爍的眼神，其實是很誠實的回答。

申請簽證要夜排?!

韓國打工簽證的熱門程度，堪比新一代 iPhone 上市。但 iPhone 沒有限量，有錢一定買得到，打工度假簽證卻有名額限制，發完就沒了，即使你和韓國大使有私交，也沒有任何商議空間。

我是在二〇一四年三月申請的，那時候還沒感受到名額的緊

□ 韓國打工度假簽證在臺申請狀況

年度	簽證名額	何時發完
2013	400	10 月
2014	400	4 月
2015	400	1/19
2016	600	1/8（有人拿號碼牌後未辦理，故於 3/2 又釋出 62 個名額）
2017	600	1/4 開辦當天下午
2018	800	1/3 開辦當天早上 8 點

資料來源：Blog 分享文、PTT WorkanTravel 版、駐臺北韓國代表處。

迫，但從二〇一五年開始，就必須在開辦的第一個月去申請才行；接著二〇一六年，名額增加到六百名；二〇一八年，增加到八百名，搶手程度卻沒有因為名額增加而緩解。二〇一七年的申請期，開始有人前一天晚上就去排隊，緊張感堪比當紅偶像的演唱會夜排。

學習兼玩樂，體驗韓國生活

從冷門科系到炙手可熱///

在臺灣的高等教育體系裡，「韓文系」以前並不是個受寵的孩子，許多大學設有英文系、日文系、德文系、西語系，但設有韓文專系的大學僅有政大、文化兩校[3]，而且在早期韓流未起時，還曾被一些學生視為「跳板」。一位政大韓文系畢業的朋友對我直言不諱：「我一開始想讀的是日

3：國立高雄大學東亞語文學系設有韓國語文組，文藻外語大學也有韓語課程，但皆非韓文專系，故在此略過。

韓國不少知名大學
都有開設語學堂，
圖為梨花女子大學。

在語學堂可和來自各國的學生一起上課。

文系，想說先進政大韓文，之後再轉系。」

韓流興起後，想念韓文系的學生愈來愈多，錄取分數愈來愈高，坊間的韓文補習班一間接著一間開，許多國、高中生補的不是英數理，而是能夠跟偶像溝通的韓文。二〇一七年某網路書店的年度報告指出，韓文教學書的銷量上升兩成，當年的暢銷書綜合排行榜上唯一擠進前五十名的外語課本，不是英文也不是日文，而是韓文教學書（但也是因為英文、日文教學書出版數量遠大於韓文類，所以消費者的購買力不若韓文集中）。

去韓國學韓文（D4簽證）

我因為工作關係，常要接待來韓國遊學、打工度假的臺灣人。「為什麼想要來韓國呢？」面對我的問題，大部分人的答案都是「想來韓國生活一陣子」。要怎麼達成「在韓國生活一陣子」這個目標呢？遊學算是最簡單的選項，兼具進修的功能，以學習為屏障，可以擋掉不少身邊人質疑的眼光。

韓國許多大學都設有語學堂（어학당，韓語教學中心），專收想學韓文的外國學生或海外韓僑。正規課程為一級兩百個小時（八週或十週不等），通常開設一～七級，會在入學前先行考試，再依學生程度分級上課。報名程序雖瑣碎但並不難，只要準備好照片、學習計畫書、畢業證明（至少高中畢業）、存款證明等文件，上網申請即可。

臺韓兩國有三個月觀光免簽互惠，若只報名一期語學堂，上課時間不會超過三個月，就辦事處的立場來說，直接用免簽去韓國上課就好，沒必要申請簽證。「但我上完課還想要留在韓國玩怎麼辦？會待超過三個月啊？」要不花個機票錢，出境後再入境，重新起算觀光免簽；或直接在韓國報名語學堂，拿著文件到出入境管理局更改滯留目的。

不過最多人選的方式是直接報名兩期語學堂，將表訂滯留期間拉長至半年，就可以到駐臺北韓國代表處申請D4簽證（語言學習簽）。只要有錢有時間、高中以上學歷，就可以來韓國遊學、用D4簽證待在韓國，達成「住在韓國」的目標。

中文也可通的韓國大學（D2簽證）

難度比D4再高一點的，則是留學、交換學生（D2簽證）。

走在首爾的建國大學附近，可以看到許多中文看板。通訊行門口貼著用簡體字寫的「中國學生優惠方案」，左邊賣的則是羊肉串，右邊是一間麵食店，店前的玻璃櫃擺著麻花捲、韭菜盒、蔥油餅等各種中式點心。「老闆，給我兩個蔥油餅。」我遞給店員韓幣，點餐時講的是中文。

不僅建國大學，慶熙、高麗、延世幾間韓國名校附近也有愈來愈多專門服務中國學生的店家，這都得從韓國政府在二〇〇一年時，開始重視「高等教育國際化」說起。二〇〇〇年時，在韓的外國留學生人數僅有六千一百六十人，到了二〇一七年，數字已經翻了二十倍，外國學生人數來到十二萬三千八百五十八名，而其中近五成是中國學生。

為什麼要找這麼多外國學生？一來能給學校建立「國際化」形象；二來能填補少子化所造成的本國學生空缺；三來，教育金援本來就是常見的外交手段之一。

因招收許多中國學生，建國大學附近商圈也出現專為中國學生服務的店家。

各國政府都有設置給外國學生的獎學金，臺灣也有這類制度，受獎學生一個月可以拿到臺幣三萬元的補助及一張來回機票，吸引外國學生來臺灣念書，潛移默化出他們「愛臺」的偏心。以韓國政府提供的獎學金計畫KGSP（Korean Government Scholarship Program for Graduate Students）舉例，提供的內容包括：

❶免學費。

❷每個月生活費九十～一百一十萬韓圓（約臺幣兩萬四千～三萬元）。

❸機票補助：二十～三十萬韓圓（約臺幣五千五～八千元）。

❹免費醫療保險。

仍有許多中國學生就算沒有獎學金也想來韓國，和我語學堂同班的中國妹妹打算在韓國念大學，所以先來上韓文班。她韓文極佳，但不常來上課，三不五時就會收到她傳來的簡訊：「我今天要去KBS看錄影，不去學校囉！」要不就是：「姐姐～昨天蹲點蹲到半夜，今天起不來 ㅠㅠ」她追星愛偶像，乾脆直接來韓國念書，追個過癮。

也有中國朋友直言：「我也想去美國念啊，但美國太貴又太遠，韓國近一點，也便宜多了。」中國的大學考試競爭激烈，考不上好大學，想洗個海外學歷的人挺多，韓國是退而求其次的便利選擇。一推一拉之下，造成在韓的中國學生大增。

韓國政府為了吸引外國學生，除了祭出獎學金，還有為外國留學生「量身訂做」的課程，與韓國學生分開授課，大學內用英文、中文授課的科目愈來愈多，也有許多標榜全英文授課的研究所學程，只要韓文有一定基礎或英文可通，就可以到韓國念書。

所以若是想達成「住在韓國」的目標，先到韓國讀大學、研究所，拿了學位後可以換成D10簽證[4]留在韓國找工作，算是一個最能長久留在韓國的起跑點。

4：就職簽證，需在韓國本科完成學業才可申請，讓畢業學生可持此簽證於韓國找工作。類似美國留學生完成學業後可申請OPT（Optional Practical Training）留在當地找工作。

嫁／娶到韓國變人妻／夫（F類簽證）ミ

以往常在臺灣新聞上看到不少外籍人士專挑臺灣的老榮民「假結婚」，取得來臺簽證、再進而取得身分，達到移民的目的。或像李安執導的電影《喜宴》，中國女畫家為取得能合法留在美國的綠卡，和男同志朋友結婚。婚姻，一直都是移民的捷徑。

不過對大部分抱有韓國夢的臺灣人來說，想在韓國住一陣子並不等於想移民到韓國。許多人對於在國外生活一段時間的想像，並不是買房子要抽籤、垃圾要怎麼分類……這類柴米油鹽的生活瑣事，而是更偏向娛樂性質，像是弘大新開了花草咖啡廳、新沙林蔭大道有好多帥歐巴，用粉紅濾鏡記錄的日子。

當然，「交個歐巴男友」是不少人默默在心底許過的願，最後發展成婚姻關係也不無可能。但目的和手段不能混為一談，為了來韓國而假結婚，這樣極端的例子目前還沒有聽說過。

投入韓國職場，徹底融入社會

在韓國找工作（E類簽證）

如果沒有時間和預算投資在求學，直接把目標設定為「我要在韓國工作」，也可以到韓國生活，但申請工作簽證，有這麼簡單嗎？

「為什麼這份工作不找當地人做，需要聘一個外國人來做？」這是不管哪一個國家審核外國人的工作簽證時最基本的核心問題。如果可以在當地找員工，幹嘛把工作機會拱手讓給外國人？所以公司得提出自己的需求，也得提出這員工適其所職的證明。

我以前在越南工作時，拿到簽證的必要程序之一就是公司必須先在當地進行對外召募（例如在報紙上登徵人廣告），才可以證明「我有在當地找人喔！但真的找不到，才不得不找外國人」的必要性。也曾聽說某公司想要錄用的員工是臺灣某教育大學畢業，公司只好另找一間學校幫忙申請這位員工的簽證，讓員工的學、經歷都跟公司職缺吻合，才能幫這個「外國人」申請到工作簽證。

韓國給外國人的工作簽證從Ｅ1～Ｅ10，人數最多的分別是Ｅ9（勞力工作）、Ｅ2（外語教學）以及Ｅ7（特種活動，특정활동）。

大部分臺灣人申請的是Ｅ7工作簽，裡面又包括營業、運輸、法律等八十五個職種。除了找到正確對應的職種，公司也必須具備一定規模，申請人資格也有要求，條列部分如：

- 公司的雇員必須有五人以上。
- 每聘請五個韓國人，才可聘請一個外國人。
- 大學畢業是基本，需為相關科系畢業及一年以上相關工作經驗。
- 若非相關科系畢業，則要有五年以上相關工作經驗。

• 月薪需在一百五十萬韓圓（約臺幣四萬元）以上。

其他還有許多細節或針對個案的要求，而且工作簽是綁定公司的，一旦從公司離職，這份簽證就會失效。

打工度假當試用期（H1簽證）

以公司的角度來說，辦工作簽是件有點風險的事，因為這等於直接通過試用期。公司要雇用外國員工，得幫他辦簽證才能在韓國合法工作，如果員工只做了幾個月就離職，那原本為了申請簽證所跑的程序、支出的費用，全部得重頭再來一次。雖然這一切都是法律規定的程序，但如果是不熟悉聘用外國人程序的韓國公司，就會覺得「找外國人來上班好麻煩」。

我有個朋友在臺灣某電子公司上班，他和兩位同事都被外派到韓國分公司工作，其中一位同事雖然也有外派東南亞的經驗，但實在無法適應韓國的環境，撐了半年還是決定離職。之後韓國主管就下令：「這個職缺不找外派了，走local hire，找自備簽證的人。」因為外派不但需要負擔員工的住宿、機票、外派加給等費用，還得幫忙辦工作簽，金錢和時間成本都遠大於local hire，對公司來說，能找到自備可用簽證、住在當地的人，遠比從臺灣找外派的風險低。

所以有些打算在韓國找工作、韓文也有一定底子的臺灣人，會先申請打工度假簽證獲得一年居留資格，再利用這一年找到願意幫忙把打工度假簽換成工作簽的韓國公司。

例如知名的訂房平臺Airbnb就把部分地區的客服工作外包給韓國企業Ubase，由Ubase出面大量聘用各國客服人員。但到了二〇一六年，原本提供工作簽證的Ubase開始要求面試者需持打工度假或其他可在韓國合法工作的簽證（如F2、F4、F5、F6、D10等），也明白寫出「協助簽證問題（H1轉E7）」，即是把打工度假當作試用期的概念。

打工度假潛規則

打工可以，不准你賺太多///

每個人申請打工度假的原因不同，有人是打算學一陣子韓文再找打工；有人則是邊追星邊做代購，覺得有個長期簽證比較方便；也有人認真打工幾個月，再大肆玩樂幾個月。但不管是哪一種，「到韓國打工，賺第一桶金」這樣的新聞標題，是鮮少出現在媒體上的。

許多人到澳洲打工度假抱的是淘金夢，努力工作、認真存錢就能從澳洲帶回百萬臺幣以上的存款，是吸引不少人前往的動力。但在韓國打工度假，支出通常大過收入，因為韓國政府規定打工度假的工作時數一年最高上限為一千三百個小時，以法定基本時薪七千五百三十韓圓（約臺幣兩百元）來算，一年頂多賺個臺幣二十六萬元。

而在韓國找住宿，再怎麼便宜的考試院[5]一個月也至少六千臺幣，就占去法定薪水的四分之一，且韓國物價大約是臺灣的一．五倍，韓國人出門吃飯動輒連續兩、三攤，估算下來，一個月的生活費需在臺幣兩萬以上，才能在韓國過得比較不拮据。數字加一加，待滿一年很容易就花費超過三十萬，如果沒有後援，來韓國光靠打工收入是很難存活的。

所以有兩種方法，一是在臺灣先攢好一筆錢，二是超過法定時數。

來韓國前在竹科上班的陳綦璟就是在臺灣努力掙錢後，帶著一筆存款闖蕩韓國。他精打細算所有花費，來韓國後先寄住朋友家，到首爾某間餐廳的廚房打了五個月的工，才離職專心大玩特玩，也一邊到為外國人設置的免費韓文課進修。

5：考試院（고시원）為韓國的住宿租賃形式之一，不需簽長期約，早期多為準備考試的人居住的套、雅房。室內空間狹小，但包含水電網路，提供公用廚房及一些免費食物。

首爾租屋不便宜，若付不出十幾萬臺幣的保證金，就只能住考試院的小房間。這間附衛浴的房間要四十萬韓圓（臺幣約一萬一千元）。

而另一個臺灣人曼菱曾在飯店做清潔人員、到東大門批市當追貨小幫手，後來在貨運行做驗貨。她最後在貨運行的工作十分穩定，早上八點上班到下午六點，一個月能賺一百八十萬韓圓（約臺幣四萬九千元）。雖然她來的那年還未有工時限制，但細算工作時數，絕對早已超過目前韓國政府針對來韓打工度假的外國人所規定的一週二十五小時、一年一千三百小時的工作時數限制。

不能說的祕密——打黑工///

我們對黑工的想像，或許像是穿越美墨邊境到達美國的非法移民，又或是臺灣某些地下工廠雇用的失聯移工。他們沒有合法的簽證或居留資格，但為了賺錢求生存，不惜冒著風險、遮遮掩掩的非法滯留在異國。

依據韓國政府統計，在韓國的非法滯留者人數始終維持在十六到二十萬人。根據二〇一六年統計，2,049,441位外國人裡，有208,971位非法滯留者，等於每十個在韓外國人裡就有一位是非法滯留。而以國籍分布來說，有近半是中國人（四十九・六三％），次之為越南（七・三％）、美國（六・八％）、泰國（四・九％）以及其他。

非法滯留的人大多從事「３Ｄ工作」[6]，以建築業、工廠最多。他們使用合法簽證進入韓國，過了簽證效期也沒回到母國，因此成了非法滯留人口。但有一群為數不多、無法從統計數字被發現，是合法滯留卻做黑工的臺灣人。

走在日夜顛倒的東大門批市，會看到擺滿各款衣服、等待批客上門的店家，粗估店數破千間。來回穿梭在這個夜晚比白天還繁忙的批市裡，除了來自各地各國的批客，還有許多挾著清單、替客人買貨的小幫手。

我的朋友Ｗ在臺灣賣韓貨，委請臺灣人在韓國經營的貨運行代為追貨，打包好再一箱箱寄回臺灣，這也是臺灣不少韓貨賣家的作業方式。每隔一陣子，Ｗ會自己來韓國挑貨，有次他跟小幫手聊起來。

「老闆給你們多少薪水啊？」Ｗ好奇的問。

「一天五萬韓圓（約臺幣一千四百元）。」小幫手回答。

當時韓國法定時薪為六千四百七十韓圓（約臺幣一百七十元），晚上十點到早上六點算夜班，時薪要以一・五倍計算。小幫手的上班時間正是晚上十點至早上六點，一共八個小時，照理說一天應可獲得七萬七千六百四十韓圓（約臺幣兩千一百元），只拿五萬，等於少領了三十五%的薪水。

但小幫手似乎不太在意：「我白天還要追星，只有晚上能打工，而且我韓文很爛，沒辦法。」

我在韓國看過許多人在沒有簽證或超過法定工時的情況下工作，他們並不一定理解「黑工」的風險，也不清楚被抓到後會被怎麼處置，大家覺得這個字眼帶著不安，卻沒有近在眼前的實感。對於這類非3D的黑工，因為人數不多，不會大幅衝擊韓國國內失業率，韓國政府隱隱有著類似警察與地攤之間的默契：你不說穿，我不戳破。只聽過幾次有免稅店或民宿被警察找上門，帶走其中沒有合法簽證的外國員工，而大家口耳相傳，警察上門的原因都是「有人舉報」，被認為是同行相爭下的另一種打擊手段。

6：3D工作指危險（Dangerous）、辛苦（Difficult）、骯髒（Dirty）的工作。

PART 2

有美好、有幻滅，她們的逐夢之路

斜槓青年的世代，關鍵字是多種身分、多職人生。
而打工度假恰似人生的分號，
給了一個句子與句子間喘息的可能。

東大門的日與夜

零度的氣溫，半夜兩點的東大門正是熱鬧的時段，堆在街道旁一袋袋的衣服等著被運到不同的城市、不同的國度。穿著厚重夾克的男子騎著載滿貨物的機車，蛇行在街道間及人行道上。三不五時還會有阿珠嬤頭頂著放食物的圓形銀色鐵盤，穿梭在衣服堆裡外送餐點。

走在批市裡，臺灣女孩曼菱右肩揹著寬近一公尺的黑色尼龍大袋子，左手拿著用Excel整理好的清單，循著上面寫的號碼尋找批市裡的檔口[7]，向店員比了比要什麼衣服、什麼色、幾件，一手交錢一手交貨，把衣服丟進右肩上的袋子，接著又往下一家移動。

冬天的衣服重，袋子裡只放進幾件大衣就輕鬆突破十公斤。批市的走道大多不寬，僅容兩人並肩走，被擠到跌倒也沒人有空來扶，曼菱把袋子甩上肩，繼續往前。批市店家把空間利用到極致，難容多人迴旋，幾次要走進店裡，「別進來，去外面等。」曼菱被店員揮手趕出來，只能縮在邊角，等店員忙完才來問她要買什麼。

「每次清晨下班，我就向自己道謝。」曼菱說：「謝謝自己又堅強的度過一天，距離還完助學貸款的目標又近了一點點。」

「憑什麼叫我女兒掃廁所？」

上網搜尋「代辦」，會跳出許多留學、遊學還有打工度假的代辦業者，當然是以名額無限制的澳洲最多，代辦韓國打工度假的只有少少幾間。

經營日本打工度假代辦業務的B公司，幾年前也曾經營韓國的業務，

7：批市裡對店家的稱呼。

半夜兩點，擺滿衣服袋子的批市街道。

卻在二〇一六年停辦，一來是簽證的名額愈來愈難搶，二來是工作愈來愈少。仲介類的工作要賺錢，必須有穩定的產品及客源，以代辦打工度假來說，就是要有定量的韓國工作機會加上定量的臺灣客人，這中間卻出現一個很大的變數，就是簽證名額。

韓國打工度假簽的名額雖然持續增加，申請人數卻愈來愈多，二〇一五年開始，開辦第一個月被申請一空，接下來得再等一年，等於對之後找上門的客人，仲介只能雙手一攤：「明年一月之後才能出發。」

而代辦手上最穩定的韓國打工機會，大半是勞力密集的產業，像汽車工廠、電子工廠的組裝線或泡菜工廠，且地點多集中在京畿道的鄉下。

在安城[8]三星電子工廠工作的Oyah就說：「附近最熱鬧的就是巷子口的便利商店GS25跟7-11，好山好水好無聊。」雖然提供住宿，工作內容也簡單，就是機械式的組裝工作，同事雖有韓國人，也有來自中國、泰國、越南等地，跟想像中可以練習韓文、多采多姿的打工度假生活頗有差距。

8：안성，位於首爾南方，離首爾車程約兩小時。

但目前就連被認為「無聊」的工作也愈來愈少，B公司負責人直白的說：「去工廠的朝鮮族愈來愈多，臺灣人沒有特別優勢，而且持打工度假簽證的人只能待一年，韓國公司不愛用這種短期的。」

他也曾介紹飯店打掃的工作，卻被對方家長痛罵：「你憑什麼叫我女兒去掃廁所？」讓他忍不住嘆氣：「許多客人自己不查資料，全都倚賴代辦，抱有太大幻想，最後幻想破滅就來罵我們。」

回想起遇過的種種例子，他直言：「比較我們代辦各國的經驗後發現，去日本的通常是喜歡日本文化；去澳洲的是想賺錢；去韓國的齁……真的……小屁孩的機率比較高，甚至有才國中就在問的！」加上韓國當地配合的公司容易有出爾反爾、不守信的情況，他最後決定放棄韓國市場。

一百二十萬韓圓的教訓

一九九二年出生的曼菱，高中學的是木工，大學念設計。大學時有機會隨學校到韓國參訪，第一次出國的她，如同海綿初次感受到水分，怎麼吸收還是覺得渴。「我覺得看不夠、想看更多更多！」大學一畢業，還揹著助學貸款，她就申請了打工度假簽證，再次飛來韓國。

沒有認識的人，不會說韓文，準備的錢也不多，「不如找代辦，頂多一個月的薪水給對方，至少生活跟工作都有保障。」臺灣的代辦就如前述的B公司，一整套代辦下來，手續費大多要六、七萬臺幣。曼菱在網路上搜尋到一間韓國的代辦公司，代辦費用只要一百二十萬韓圓（約臺幣三萬二千元），還保證兩個禮拜內就有工作，她放心的匯了款。

到了韓國，適逢中秋連假，韓國人對中秋的重視度等同於臺灣人的農歷新年，公司、商家大多也一起放假。對方來接機，把曼菱送到需另外支付費用的民宿後，就對曼菱說：「連假我們不上班，妳這幾天先自己找地方玩吧。」一直到五天連假結束後，才帶她去辦登錄證、手機門號等生活所需事項。而原本說好要幫曼菱介紹的工作，卻是每天上班十二小時、週休一天，月薪僅有一百三十萬韓圓（約臺幣三萬五千元）的中餐廳工作。

那年，韓國的基本時薪是五千兩百一十韓圓（約臺幣一百四十元），曼菱在中餐廳一個月需做兩百八十八個小時，照理要能拿到一百五十萬韓圓

（約臺幣四萬元）才對。但即使拿得到一百五十萬，曼菱也不想做。她幾番重申：「我是來打工度假，不是來當臺勞的，這麼長的工時，我何不去工廠？」

對方一再搪塞：「妳不會韓文，沒什麼工作可以讓妳挑。」爭到最後仍不了了之。

受夠對方的拖延戰術，曼菱最後花了兩天自己找到工作跟住宿，開口跟代辦公司討回費用：「請把沒有幫我做的事項結算完後，退費給我。接機、辦登錄證、辦手機這些服務我都可以付費，但是找工作跟住宿，請退費！」接待她的小姐卻說自己離職了、不清楚狀況，老闆也持續不回訊息。臺幣三萬多的代辦費，換來的卻是「靠自己最實在」的教訓。

從客服、免稅店到東大門／／

曼菱前後做了不少工作。第一份工作是網路遊戲客服，專門處理中國玩家的來電。「最困難的是英文發音，玩家的Z和J，還有A跟L發音超難辨別。」這份工作她做了三個月。

第二份工作是專接觀光客的珠寶免稅購物站，專接中國團客，一個月薪水一百五十萬韓圓（約臺幣四萬元）。老闆是香港人，員工也有二、三十個香港人，臺灣員工包括她只有四位。「整個工作環境感覺很勢利，大家都在勾心鬥角。」做了一個月，她決定離職。

第三份工作是飯店清潔人員，在東大門的Hotel Tong。一天只要六小時，月薪一百一十二萬韓圓（約臺幣三萬元）。多出來的時間，她開始做代購，先是幫嫁到韓國、也在做代購的臺灣人妻朋友跑腿，接著到背包客棧（網路論壇）上面ＰＯ文自我介紹，看有沒有韓貨賣家需要幫忙追貨的小幫手，過著白天打掃、晚上買貨的日子。

做了幾個月，常配合寄貨的貨運行缺人，問她要不要到貨運行上班，一週上班六天，一個月一百四十萬韓圓（約臺幣三萬八千元），可以一邊上班、一邊經營自己的客人。曼菱說：「何樂而不為。」

日夜顛倒的批市生活

臺灣賣韓貨的人多，最大宗是女裝、化妝品，衍生出來的還有飾品、鞋子，再來是童裝、玩具、零食、廚房用具等。其中女裝、飾品、鞋子的批發市場都集中在東大門一區，且是晚上營業，白天沒開。

批發市場集中在首爾地鐵二號線的東大門歷史文化公園站及地鐵六號線的新堂站之間，一棟棟光鮮亮麗、外牆掛著大型模特兒廣告，看上去就像百貨公司的豪華建築，一走進去，才會感受到那股亂哄哄中帶著獨特秩序的市場活力。

批市裡有好幾棟大樓，包括U:US、NUZZON、apM Luxe、apm Place、Designer Club、STUDIO W、the OT、光熙市場、青平和市場等，每棟大樓販售的產品風格、價位都不同。有的檔口裝潢陳列做得精緻，有如百貨公司專櫃；有的檔口占地只有一、兩坪，店門口就是櫃子，擺滿衣服，店員要出入還得赤腳爬過。

以位於路口、最為顯眼的U:US來說，衣服做工精緻時髦，就像專櫃貨，價格也不便宜，一件冬天的上衣批發價可能就要五萬韓圓（臺幣一千五百元）。零售價通常得抓批發價的兩至三倍，賣家才賺得了錢，等於一件上衣需在臺灣標三千以上才回得了本。臺灣網拍賣不動高價路線，在這裡看到的批客大多是中國人，或經營實體店面的老闆。

位於批市角落的青平和市場，雖然名字中有「市場」兩字，但仍是一整棟建築。不像U:US那樣明亮顯眼，顧店的也都是阿珠嬤，裡面滿是窄窄擠擠、一兩坪的小攤位。這裡的衣服便宜許多，夏天T恤可能只要五千韓圓（臺幣一百四十元）。不過款式略顯俗氣，質料也普普通通。在批市走跳夠久你就會知道，這樣的低價貨大半來自中國，可能是廣州虎門或浙江義烏。而這些衣服在中國批市一件約賣臺幣三、五十元，到東大門批價一件臺幣一百四，但到了臺灣，說是韓貨，被標上原價五百五、特價四百五。我不覺得該說誰獲取暴利，不過是轉手之間各種成本堆疊的結果罷了。

到東大門批貨有規矩

新入行的韓貨女裝賣家到東大門批貨，流程大致如下：

❶人到批市，在各棟建物的檔口晃晃，一天看個上百間，先對自己要賣的衣服風格、品質、價位有個底。

❷邊走邊看，有喜歡的貨可以先下手幾件。批市的門檻其實不在數量，同款拿各色，或在同間店多買幾款，這兩種買法都可以拿到批價。

❸要邊買貨、邊筆記，是哪個建物、哪個檔口（都有門牌和名字，買貨也會有收據）、什麼款式顏色、價格多少。

❹買完貨，放回旅館，量少可自己拎回臺灣，量多就找貨運行寄，幾天就可到臺灣。貨運行的價格很亂，女裝通常一公斤在臺幣七十元上下，另外還有報關費用，一公斤約四、五十塊，低消是十公斤。所以如果只有少少的貨就自己拎吧，找貨運行並不划算。

❺可在韓國就拍穿搭照，即時ＰＯ上網讓顧客看要不要買。若馬上有訂單，隔天就可立刻重返批市再買貨。

曼菱在批市的電梯前自拍。

從批市外圍望進去，大型霓虹燈裝飾的一棟棟建物內全是店家。

❻貨帶回臺灣後，大賣家通常會找模特兒進棚拍照、修圖、上架，至少也要一週。小賣家則是自搭自拍自上架，較為機動。

衣服上架、訂單進來後，若現貨不夠賣，人又不在韓國，沒辦法跑批市怎麼辦？就要找住在韓國的小幫手或貨運行追加。把資訊發給對方，讓對方代替你去批市追貨。買貨的費用、追貨費（通常是批價的十％，量夠大才能壓低）、運費、報關，都是賣家需負擔的成本。

晝伏夜出的追貨小幫手 //

曼菱的工作就是在幫這些身在臺灣的賣家追韓國的貨，依照賣家給的紀錄找到原店鋪，「我要這個、這色、幾件。」付款拿了貨後再打包寄回臺灣。聽起來簡單，其實現場的狀況很多。

東大門批市的店家是真正的「快時尚」，許多小型成衣工廠散落在東大門、新堂外圍，貨賣完了就立刻趕工縫製，再補貨拿出來賣。所以常常到檔口追貨時，店員會要你一小時後／明天／後天再來。一小時後拿貨通常最穩，一定買得到；要明後天才能拿的就比較容易拖延。常常隔天人都到檔口了，店員可能兩手一攤，貨還沒到，老話一句「你明天再來」，一天拖過一天。

你可能會問：「不能在出發前先打電話或傳訊息，問店家有沒有貨嗎？」如果數量夠大，店員還可能好聲好氣的回你。如果一次只追個一、兩件，那也難免店員會無視你，所以大部分是先付錢下訂後拿貨，如果遇到季末斷貨、不做了，也是常有之事，都得靠經驗判斷、搏交情做事。

曼菱說，最容易出問題的就是鞋子，因為尺寸多，一款鞋可能有三種顏色、六種尺碼，算起來就有十八種選擇，訂單一多就容易混亂。比起女裝，鞋子既複雜又難賺。

除了追貨，曼菱還常常得做商品開發，賣家冷不防丟一張帽子的照片來：「有客人想買這個，妳知道在哪買得到嗎？」她就要在批市裡眼觀八方，從幾千個檔口裡尋找照片裡的商品。找到了，客人可能只下單一、兩件，曼菱抽十%，花費幾個小時的工夫最後只賺到臺幣幾十塊，但她不以為意，「我覺得這是投資，我握有別人沒有的資訊，多知道一些什麼東西在哪賣，那我的無可取代性就比別人高一點。」

遇到的客人多了，也有許多令人咋舌的故事，讓曼菱忍不住生氣：「幫臺灣人做事很不值得！」臺灣客人愛殺價的最多，許多人愛誇口自己生意做多大，一次會進多少貨，想以量多來砍代購費的％數，最後實際的買貨量卻遠不及他誇下的口。

曼菱遇過一個賣鞋的客人，一開始說一個禮拜會進五、六十雙鞋，最後卻每天只下個一、兩雙，還要求曼菱每天都去追貨。買手平日要跑的點很多，尤其批市鞋城的位置較遠，通常量少的話會累積個幾天的訂單後才去追，否則時間成本不划算。

目標改變，夢想也變得更大

貨運行的工作做沒幾個月，因為客人變少，老闆有天傳訊息給曼菱：「就做到下禮拜吧。」匯了五十萬韓圓（臺幣一萬四千元），打發她離職。

雖然手上還有自己的客人，但瞬間少了一筆固定收入，心慌的曼菱又回到

穿梭在批市間的送貨員。

Hotel Tong做打掃，兩個月後才找到另一個貨運行的工作。

這次找到的貨運行頗具規模，在中國、韓國都有辦公室，也有人專門在各檔口拍照，讓客人不用到韓國就可以憑圖選購，是一條龍式的服務。曼菱負責驗貨，不用去批市現場追貨，工作輕鬆許多。買手們半夜追貨，工作時間是晚上十點到早上八點。負責驗貨的人則是早上八點上班，下午六點下班，月薪有一百八十萬韓圓（臺幣四萬九千元），是曼菱在韓國幾份工作裡月薪最高的。

公司內職員全是中國人，曼菱是唯一一位臺灣人，就像動物園裡的貓熊一樣備受關注。一開始她不太習慣這個環境，因為有人出錯，主管會大吼罵人；一起吃飯，有人會拿筷子敲碗。相處久了後，曼菱才比較理解這群同事對人的熱情。甚至有同事跟她說：「我以前都好期待臺灣客人來補貨，沒想到現在竟然有臺灣人同事。」還有人說：「我跟妳講話都不敢太大聲，怕會嚇到妳。」讓曼菱不禁莞爾。

每天在貨運行上班十小時，晚上還去幫自己手上的客人追貨，曼菱拚老命似的賺錢，一反當初她對代辦仲介振振有辭「我是來打工度假，不是來當臺勞」的態度。

朋友看著她，搖頭感嘆：「二十三歲的女生，賺錢賺成這樣，怎麼不去玩一玩、或好好談個戀愛？」

但找到生財之道的曼菱待在韓國一年後，目標早就改變：「想把助學貸款還完、想要有一點存款、想讓爸媽放心。」

白天貨運行驗貨，晚上批市追貨，月收可達臺幣十萬，曼菱的生活慢慢穩定下來。在韓國待滿兩年後，一年前寫下的目標已完成，貸款還清，也有了點存款，她決定啟程往下一步走。回臺灣不到兩週，她前往菲律賓的語言學校，實現她的新目標與舊目標。「我的願望是可以使用三種語言，跟我的韓國朋友一樣，能隨意講韓文、英文跟中文。」至於舊目標呢？「這個世界，我覺得看不夠，想看更多更多！」她去歐洲自助旅行，接著到澳洲打工度假，之後還計畫去加拿大。

我想起兩年前的春天，我們拿著啤酒與烤肉，坐在首爾某處的公園草地上聊天，她憤憤不平的跟我描述自己因為一千塊臺幣被臺灣客人告詐欺，帳戶被凍結的鳥事，也想起她用ＬＩＮＥ跟我解釋她的東大門遠端批貨模式，用以前所累積的廠商資訊與人脈情報，讓她在臺灣也可以憑著教學賺錢。

看著她在網路上貼出一張張澳洲景色、美食、跟臺韓朋友們的合照。韓國成了她人生的養分，澳洲則讓她繼續茁壯。我有種直覺，她的視野會愈來愈廣，步伐會愈來愈大，心底永遠有臺灣，但世界才會是她的戰場。

創造人生的第一個分號

「沒想到韓國也有麥當勞！我還以為這裡只有泡菜！」這是陳綦璟幾年前第一次來韓國時的驚呼。韓國，是他首任外籍女友出生的國度，為了女友，他初次搭上飛機，踏出臺灣。

之後他又來了韓國三次，都是短期旅遊。到了第五次，二〇一五年底，他買了張單程機票，辭掉工作，拿著打工度假簽證準備來韓國長住，當初那位韓國女友卻已經分手。我問他，為什麼想來打工度假？

「我想體驗臺灣沒有的東西。」綦璟對我說。

打工度假的起源，是度假；打工，則是籌措旅行的經費。我自己也申請過韓國打工度假的簽證，但沒打過什麼工，只接了些case，用的還是中文和英文，也沒在韓國度到多少假。每每看到網友在討論區怒斥：「如果沒有要打工的話，不要占用名額好嗎？」我都會一陣心虛。

和懶散的我相反，縈璟把打工及度假實踐得極為徹底。他打過三、四種工，也努力玩遍韓國。一年內，他走過的景點和節慶，比我在韓國四年去過的地方還多。

「保寧這邊好多外國人喔！」他傳來訊息。

「保寧?!你去那邊做什麼？」我回問。

「泥漿節啊！我來泥漿節玩，還滿有趣的，」他連續傳來幾張照片：「有溜滑梯、臉部彩繪、團體競賽區……不過我一個人來，不太敢進去團體區玩。」

現在不做，老了肯定會後悔 //

爸媽在他小學時離婚，兩個姐姐跟著媽媽，陳縈璟和弟弟則跟著爸爸生活。看著爸爸因為吸毒而數度進出監獄，住在一起的弟弟也混起黑道，陳綦璟從小就知道，他所想要的未來，不能被動等待。他十五歲上臺北，讀建教班，過著幾個月工作、幾個月上課的半工半讀生活。後來在便利商店工作表現良好，被留下來當起正職。

二十三歲時，他搬到新竹，在科學園區當作業員，過起燃燒生命賺錢的日子。作業員是做三休三，工作三天就休息三天，等於一個月只要上班十五天。乍聽起來假放得多，但工作的那幾天，要不是日班早上七點到晚上七點，就是夜班晚上七點到隔天早上七點，表定十二小時的上班時間，還有偶爾被叫留下來處理雜事，一天上班十四個小時都是常有的事，更別說輪到夜班時，日夜顛倒對身體造成的影響。

沒有背景的孩子想賺錢過上好生活、不走歪路，必須用全身的力氣去拚。

「每次問誰要加班，我都衝第一個。」綦璟說：「或是誰請假要找人代班，我都說我可以。」

雖說是做三休三，但放假的那三天他沒有休息，而是去ＫＴＶ當服務生。

「妳知道經國路上的某某KTV嗎？」他問我。

在新竹長大的我回：「知道啊，我以前還去過一、兩次。」

「新竹有個很大的角頭，很愛去那裡。」㯃環帶著神祕的微笑：「每次他來，我們全部的服務生都戰戰兢兢，看到他一定要大聲打招呼：『某某大哥好！』沒打招呼你就慘了，會把你叫進包廂裡罵。」

我彷彿在聽都市傳說：「他幹嘛這樣啊？你們又不是他的員工。」

㯃環聳聳肩：「總之，妳以後想唱歌不要去那裡，我在那邊上班都覺得怕怕的。」

這種拚命賺錢的日子過了近五年，他終於把學貸還完，養了隻貓，買了車。生活過得比較滋潤了，公司也有意把他升為課長。專科學歷的作業員要升到課長並不容易，但陳㯃環在FB上看到朋友分享了一篇〈現在不做，你老了肯定會後悔的十件事〉，第一項寫著「趁著年輕的時候去旅行」。

這幾年蒙著頭一心賺錢，旅行？他回想起兩年前，為了韓國女友第一次搭飛機到另一個國度，踏上異國土地時的種種激動。「現在不做……是不是就會後悔呢？」他想：「打工度假可以賺錢，也可以旅行，還能學語言，但要三十歲以前才能申請……」他開始搜尋各國打工度假的規範，最後決定先到韓國，再去澳洲。

找房子、找工作就花了兩個月//

我會認識陳絭璟是因為他想找房子，請我幫忙。我們約在地鐵站的出口碰面，下了電扶梯，我看到出口站著一個單薄的身影，刺刺的短髮。眼神交會了一下，我問：「你是今天要看房的人嗎？」

「對，我是陳絭璟，中間的字念成ㄐㄩㄢˋ。」他答。

聊了幾句，我忍不住開口：「你是女生吧？」

他笑答：「是啊。」

我又再問：「嗯……你喜歡女生吧？」

他笑得更開了：「對啊。」

陳絭璟事前做了很多功課，對房子的要求很明確：希望男女分層（如果真的不錯，男女混合也接受）；雜項費用電費全包，或者包其他不包電；位於二樓或以上，要有地熱，空調無所謂；房間內要有廁所、電視、小型冰箱、桌椅、床（沒有床架沒關係，但希望不要是比一般單人尺寸還小的床，基本單人尺寸以上）、免費的有線跟無線網路；廁所和房間，其中一個要有對外窗；床的前後（上方）有設櫃子，且遮住床一小部分的這種不要，太有壓迫感。

公共空間要求：廚房，飲水機，洗衣機，微波爐，電磁爐；免費的飯，泡菜，拉麵；鞋櫃跟晒衣空間不要求，最後希望不要看起來太老舊的房子，尤其連廚房都舊舊的那種。

看著要求清單，我有點頭痛，因為他的預算是三十到四十二萬韓圓（約臺幣八千到一萬一千元）。落在這個價格帶的通常是極為老舊、衛浴共用的房型，要獨立衛浴又要乾淨夠新並不容易。幸好走了一整天，還是找到了他滿意的房子。安頓好住處，下一步就是找工作了。

因為韓文還不會幾句，陳綦璟打算找肉體勞動的打工，不會韓文的臺灣人最常做的就是民宿打掃。

「很多徵人文寫是打掃，不要求韓文，其實他們還是希望你會講一點韓文。」他抱怨：「像我這樣只會講幾句的就不OK，明明只是打掃而已啊……」

丟了好幾封履歷，去過好幾次面試，他終於在兩個月後找到臺灣餐廳的工作，當起廚房助手。

搭上「臺流」飲食風//

我剛來韓國的時候，若思念臺灣味只能去貢茶喝一杯臺幣一百二的珍奶，但現在，便利商店買得到臺灣奶茶，超市買得到臺灣啤酒，想吃雞排、魯肉飯、牛肉麵，弘大就吃得到。這個「臺灣味」風潮如何開始的呢？綜藝節目《花樣爺爺》及電影《不能說的祕密》是最大推手。

二〇一三年，韓國實境綜藝節目《花樣爺爺》，讓四位平均年齡七十四歲的演藝圈大前輩結伴自助旅行。第一季就來到臺灣，住在師大夜市附近的民宿，光是在羅斯福路和辛亥路口大迷路，就播了十分鐘。

陳綦璟最後落腳的地方，月租四十二萬韓圓（約臺幣一萬一千元）。

眼睜睜看著大前輩在烈陽下淌著大汗迷路，連臺灣的翻譯都急了，但製作人羅暎錫ＰＤ依然袖手旁觀，阻止工作人員插手。製作單位的態度擺明了：一切都是真的，沒有劇本。讓爺爺們在旅途中遇見親切的臺灣民眾，對臺灣美食、美景自然的反應，都非常具說服力，「臺灣」瞬間成為韓國人自助旅行的熱門地點。

「到臺灣玩」的這股熱潮持續加溫，連續四年韓客來臺的成長率突破二十％，

韓國開了臺味餐廳Little Taiwan，店裡掛著臺灣國旗。

甚至愈來愈燙，燒回韓國。二〇一四年，專賣臺灣小吃的餐廳「臺灣夜市（대만야시장）」在首爾弘大商圈開幕，菜色繁多，各種小菜像皮蛋豆腐、炸餛飩、肉燥飯，只要三千五百韓圓（約臺幣九十元）；宮保雞丁、臺式便當等料理也只要六千到一萬韓圓（約臺幣一百六到兩百七十元）。相比一道菜動輒一、兩萬韓圓的韓國居酒屋，「臺灣夜市」既划算又可吃到多樣菜色。

接著在二〇一五年開幕的另一間臺灣味「Little Taiwan」則主打炸雞排，延伸出各式炸物產品。Little Taiwan當初在梨大的創始店僅是一個沒座位的小舖，不過幾年，已成為頗具規模的餐廳，設有中央廚房，在弘大、往十里、仁川都有分店。

陳綦環找到的廚房助手工作，就是Little Taiwan當時新開幕的往十里分店。他要負責廚房裡的打雜工作：擺盤、清潔、裝水、洗碗……雖然有大型洗碗機，但鍋子得用手另外刷洗。上手後還得負責簡單的料理，餛飩湯麵、蔥抓餅都歸他負責。

用幼幼班韓文和同事打成一片

陳綦璟來韓國前雖然學過一些韓文，但日常能夠順利吐得出口的也就是「安妞哈say優、康撒哈密達」這些愛看韓劇的臺灣人也聽得懂的招呼語。因此到餐廳上工前，他跑去Little Taiwan的弘大店，把菜單全部拍下來，每道菜的名字背到爛熟。往十里分店的老闆是個三十二歲的韓國人，去過好幾次臺灣，也會說些中文。

「老闆的中文比我的韓文好很多。」陳綦璟笑說。

廚房助手雖是出賣勞力的工作，但和同事間相處總不能全靠比手畫腳。除了老闆會中文，外場是個韓文流利的臺灣女孩，廚房裡的其他廚師全是不懂中文的韓國人。外表中性的陳綦璟又是韓國男生很少接觸到的女生類型，從十五歲就開始半工半讀的陳綦璟很會看「眼色」，察言觀色的本領高，一開始就主動對年紀比他小的韓國同事說：「我們講半語就好，不用對我講敬語。」展現出輕鬆好相處的一面。

在廚房裡工作，他也會抓好懂的關鍵字跟同事溝通。

廚房裡工作的
陳紊璟。

平常吃店裡的食物，偶爾老闆會買外食慰勞員工。

「像是我要問東西洗好了沒，就簡單指著問『끝났어？（結束了嗎？）』，他們就會知道我的意思。」秦璟解釋：「如果真的要講比較難的，我就請外場幫忙翻譯囉。」廚房裡的男生還會跟他學臺語，講一些有的沒的來逗樂外場，二十幾歲的員工們鬧在一起，氣氛頗為歡樂。

餐廳中午沒營業，只做晚餐和宵夜時段，他七點上班，打烊下班大約半夜一、兩點，客人不多時還可以抓時間在店裡吃晚餐。「我下班後都睡到中午起床，吃考試院的白飯加自己煮的菜，晚上再到店裡吃，伙食費省超多。」陳秦璟精打細算，把錢都省下來。省下來做什麼？「和朋友出去玩啊！」

拚命省，只為拚命玩

他對吃、住極為節儉，對旅遊、玩樂及朋友卻非常大方。「以前在臺灣一心工作，很少出去玩。」積壓了好幾年的玩樂欲望，來韓國之後大爆發。「我去釜山一趟，就拍了八千張照片。」他說。

「哦？但我看你Facebook很少有出去玩的照片啊。」我好奇。

「我不太喜歡傳這些……像釜山那次照了八千張，我只上傳一張到Facebook。」

餐廳的工作是每週一至四，和他在臺灣工作的模式類似，過著做四休三的生活。四天打工，三天旅遊，看遍了韓國四季風景，也算是種穩定。

「印象最深的……應該是櫻花吧。」他走遍韓國各地去看櫻花：「鎮海、浦東龍宮寺、首爾林、兒童大公園、顯忠院……這些地方的櫻花我都看過了。」

打工也做了，旅遊也玩遍了，這一年裡他充分實踐了「打工度假」這四個字的意義。下一步，要去哪？

「等韓國簽證結束，就回臺灣準備澳洲的打工度假簽證。」陳桊璟說：「原本我就打算先去澳洲的，是因為韓國簽證比較難申請，才先來韓國。」

「再下一步呢？」我像是過年時逼問人生進度的親戚，追究到底。

「可能找個生意做做吧，我姐一直叫我陪她一起開店……」他說：「到澳洲一邊打工度假再一邊想囉！」

十五歲開始半工半讀，二十八歲開始半工半度假，打工度假的機會就像陳綦璟人生裡的分號，給了一個句子與句子間喘息的可能。

不斷嘗試與冒險，累積人生能量

首爾的某個百貨公司裡，專賣二十五到三十五歲少淑女服飾的樓層，來自臺灣的佳瑩（化名）正在用韓文向一位阿珠嬤介紹商品如何搭配。

「商品快介紹完時，客人好像意識到我似乎不是韓國人，帶著困惑的表情開始打量我的臉跟名牌，只差沒把我頭髮掀開檢查看有沒有頭皮屑那樣的仔細。但我的韓文名字是韓國的菜市場名，我的臉大概十個人裡有九個半會說是韓國臉。」佳瑩說：「但大嬸就是用不屑的眼神上上下下把我看光光以後，連道謝都沒有就走了。」

佳瑩遇到的歧視還不只這一樁。

「還有客人前後態度差很多，講了一個我沒聽過的單字，看到我不懂的表情，他就說：『啊~不是我們國家的人啊，中國人嗎？』然後態度一百八十度反轉……」

天生要吃這行飯///

笑容親切、韓文流利的佳瑩，在首爾的百貨公司當櫃姐。她在臺灣有多年的販售經驗，擺過路邊攤，也在師大夜市、東區當過韓貨店員，經歷過Eyescream、Starkiki、Hazzys等品牌，「賣衣服」對她來說是太簡單的事。

曾被服飾店老闆形容為「天生就要吃這行飯」的佳瑩，在臺灣賣衣服給臺灣人，到了韓國，一開始做的卻是民宿清潔工作。

她的理由有點被虐：「我想要做做看我在臺灣不會做的工作。我在臺灣服飾店只花一年就爬到代理店長的位置，想要挫挫自己的銳氣，不想讓自己太驕傲。」她到民宿打掃，每天洗刷廁所、換床單、吸地拖地，很單純也很自得其樂。

如果販售業有守護神，那守護神想必忍受不了佳瑩浪費自己的才能。打掃工作做不到一個月，就有朋友來問她：「我要從百貨公司離職了，妳來接我的工作吧。」這個百貨公司位於明洞，櫃上接待的多半是外國客人，以中國客人為大宗。各專櫃店員通常會講簡單的中、英文，或是配置母語為中文的店員。

佳瑩的韓文雖然筆試只有檢定二級的程度（最高為六級），但韓文發音十分道地，專櫃經理面試時一度以為她是韓國人。語言能力之外，「做販售，其實還是看『臉』，要看你有沒有眼緣。」佳瑩說：「當然身材也最好在S～M號之間。」

生得一副韓國人最愛的笑眼加上豐富的販售經驗，佳瑩馬上就被錄取，開始了在首爾的百貨櫃姐生活。

少女時代早操歌

雖然主要是負責對中文客人的銷售，但還是會遇上韓國客人、韓國同事。上班前，佳瑩到品牌官網把男、女裝的服飾類別、顏色、尺寸全部研究過，不認識的韓文單字全部抄下來。「光是顏色的單字大概就超過三十種。」她說。

拿到百貨公司的員工出入證跟名牌前，得先接受六小時的教育訓練，當然也是全韓文。從最基本的美姿美儀教起，包括要怎麼站、客人進來時要講什麼招呼語、接電話的禮儀、客人問路時手勢要怎麼比等。

「而且每個樓層的員工出入口，都有一條Service Line，只要從門出去一定得鞠躬才行。」百貨公司把前臺跟後臺分得很清楚，跨越那條線，就得掛上職業笑容，粉墨登場。

加上百貨公司位於明洞，觀光客多，為了應付觀光客可能的詢問：退稅要去哪、嬰兒車可以在哪借、地下鐵連結通道在哪裡、貴賓室怎麼去……這些都得熟記在心，講師邊上課還會三不五時抽考，要大家當場回答。

每天百貨公司開店前，除了要做賣場清潔，最麻煩的就是理貨。「最高紀錄是一次要理二十箱貨，所有衣服得想盡辦法塞進倉庫。」佳瑩笑說：「所以我超會收納衣服的，回臺灣打包行李的時候，可以把六十件衣服塞進二十八吋行李箱。」

打掃結束、倉庫整理好後，開店前還要跳早操。「都已經滿身大汗了還要做伸展操！幸好伸展操的音樂是少女時代的歌，有趣多了。」佳瑩偷笑：「不像我以前在臺北某百貨的早操歌，聽到那音樂會更沒精神。」

你說你是中國人，我就買

佳瑩在這間百貨公司換過不同品牌，從港牌、韓牌到歐美品牌皆有，其中最好賣的竟是GUESS。「每個牌子的客人組成不同，GUESS大約有八成是中國客人，好像是因為在中國賣比較貴吧？他們最愛買的有LOGO的T恤，一件兩萬八千韓圓（約臺幣七百五十元），一次可以買好幾件。」

不只低價的T恤，高價的單品也賣很快，她曾經在十分鐘內賣掉兩件臺幣一萬五千元的羊皮外套，忙到連上廁所的時間都沒有。「那種情況就是我不開口講話，客人也會買東西。」品牌受歡迎的程度讓佳瑩不用發揮什麼銷售技巧，業績就會自己滾進來。

偶爾會有中國客人好奇佳瑩是哪裡人，知道她來自臺灣，反應不一。有的驚訝：「臺灣人的普通話也講這麼好？」有的泛政治化：「妳怎麼可以說自己是臺灣人？」「如果妳說妳是中國人，我就買！」佳瑩總是態度柔軟的打哈哈帶過。

「中國客人的素質差異大。有的試穿了一堆，把所有試穿過的衣服都丟在地上，衣服還都是反面的。」聊的是奧客，佳瑩語氣卻很平淡：「但九成以上都還算正常，而且有很多是代購跟『點點客』。」

「代購我懂，但什麼是『點點客』？」我好奇。

「就是用手指頭點一點，『這個、這個、這個』我都要，而且常常一個SIZE就拿好幾件，結帳都十幾件起跳的。」佳瑩解釋。

除了中國客人，也有臺灣客人，但兩種客人遇到佳瑩服務的反應卻不同。「中國客人遇到我，通常是覺得『有會講中文的，太好了』；臺灣客人的反應卻是『這裡沒有韓國店員嗎』，感覺臺灣人比較想要韓國店員來服務。」

臺灣客人會嘗試用英文和韓國店員溝通，中國客人卻大多守著中文不放。佳瑩就分享他在鞋子專櫃看過的一個例子：

「有沒有38號？」中國客人用中文問。

「이백 사십이요？（240嗎？）[9]」韓國店員用韓文回問。

「對、對。」中國客人聽不懂韓文，卻也胡亂回應。

兩方用的是不同語言，竟也能看似順利的對答。

「這樣不會拿到錯的尺寸嗎？」我疑惑。

「拿錯再說囉。」看來韓國店員也自有一套應付中國客人的方法。

從百貨跳槽到購物中心／／

在GUESS的日子雖然業績可輕鬆達成，每個月都能領到臺幣五、六萬以上的薪水，但這樣的生活不是佳瑩想要的：「我覺得學不到東西。」未來希望能自己開店的她在不同品牌打滾後，發現自己最喜歡也最想學的還是韓國品牌的風格。「一些陳列的小訣竅，有時候只是小小撥一下，韓國做的感覺就完全不一樣。」

於是在朋友介紹下，佳瑩跳槽了。不同於原本位在明洞觀光客較多、大多用中文銷售的百貨公司，她來到位於首爾北部的購物中心，面對的大部分是韓國客人。

購物中心是一年三百六十五天不休息、營業時間也比較長。以過年來說，百貨公司會休兩天，但購物中心無休。營業時間兩者皆是十點、十點半開店，但韓國百貨公司晚上八點就關門，購物中心則大多營業至晚上十點。加上賣場空間較大，佳瑩跳槽的新專櫃位於購物中心一樓，每班顧店的大約三個人，賣場卻超過三十坪。

營業時間長，分為早、晚班制。佳瑩大多上早班，十點之前到達賣場，換衣服、打掃、整理賣場、到會計室處理帳務，「光是吸完賣場的地板就要花十五分鐘！而且因為空間大、落塵多，一天大概要吸三次地板。」之後要等晚班的人也來了，才有空去吃午餐。「在賣場是不能吃東西的，」

9：韓國鞋碼編制和中國不同，中國38號等於韓國240。

佳瑩偷笑：「但我都會帶零食趁沒人時偷吃，經理知道我愛吃零食，也會偷偷塞餅乾給我。」

被退貨客人惹哭///

到了這個九成九以上是韓國客人的賣場，對佳瑩來說最大的挑戰竟然是「退貨」。明洞的百貨公司大多是觀光客，買了就回國；但到了新的職場，面對習慣「在購物中心、百貨公司買東西就一定要有好服務」的韓國客人，退貨成了佳瑩最不習慣的部分。

「在臺灣的專櫃通常是能換不能

佳瑩工作的賣場有多面櫥窗、鏡子，得時時保持潔淨明亮。

退，但韓國是可以直接退貨的！只要商品標籤還在，帶著發票、信用卡到原購買處就可以退貨。所以很多韓國人買了穿出去，噴了芳香劑、香水又再拿回來退貨，甚至還有明明就洗過的也拿來退！」

也因為退貨，讓她人生第一次被客訴，委屈到掉淚。

夏日的某天，佳瑩一個人顧店，才開門三十分鐘，就有個三十出頭的韓國男子走進賣場。

「您好，有什麼可以為您服務的嗎？」佳瑩問。

「我要退這個。」男子把裝著衣服的袋子甩到櫃檯上。

「好的，麻煩請給我您的收據和信用卡，以便處理退貨手續。」佳瑩忍著不動氣。

「我沒帶卡欸，怎麼辦？」

「如果沒有信用卡，沒有辦法現場幫您退貨耶，不好意思。」

「那三星ＰＡＹ呢？」

「如果當初是用三星ＰＡＹ，用手機感應就可以退款喔，麻煩借我一下您的手機。」

「呃，我沒帶手機。」男子似乎只帶了商品前來。

「這樣的話很抱歉，是沒有辦法幫您辦理退貨的。」佳瑩無可奈何。

男子離開不到十分鐘，佳瑩立刻接到顧客中心電話：「妳被客人投訴了……」自己的做法明明是正確的，面對客人的無禮也忍了下來，竟然變成被投訴。品牌有規定，如果客訴累積達三次即會被退社，被客訴也會影響品牌在購物中心的績效評比，這讓佳瑩心中委屈又自責，在休息時間忍不住躲進廁所偷哭。

但面對韓國客人的龜毛，也讓佳瑩學到「質料」的重要。「韓國客人買衣服，不管多貴多便宜都超愛問材質，也很愛問洗滌方式。尤其韓國媽媽都超強，摸兩下就能立刻說出材質名稱！畢竟有些材質特殊或含量很少，像是麻的成分可能只有五%，他們也摸得出來。」

韓國的大品牌基本上都有提供售後服務，衣服若有需要修繕之處，都可以回櫃上詢問。「連襪子破了都可以補！所以一件臺幣五千元的毛衣雖然聽起來貴，但可以穿個十年，不退流行、保暖又漂亮，我覺得也很划算。」佳瑩說。

離職，又回頭///

一九九〇年出生的佳瑩，當初會學韓文並不是因為愛上哪個明星，而是因為失去一段戀情。從高中就認識、交往五年的初戀男友，在各自上了不同大學後劈腿，狠狠甩了她。佳瑩陷在失戀陰霾走不出來，學韓文是她讓自己分心、不再想前男友的方法。

大學時期就在服飾店半工半讀，她拿自己賺來的錢到韓國自助旅行。第二次韓國行，心裡默默決定：「我以後不要只是觀光了，我想出國住一陣子！」

二〇一四年，大學畢業兩年後，她在服飾店做到代理店長，如果把大學工讀的時間也算進去，在服飾業已經有六年經驗。那一年，韓國打工度假簽證名額只有現在的一半，也沒這麼搶手。她來到韓國，曾經不想做販售，也曾經離職回臺灣，卻覺得自己學的不夠多，開店還不成氣候，又回到韓國。

二〇一八年，她鐵了心提離職，和老闆談好只做到一月底，卻在店長的溫情攻勢下又留了下來。再次屈指算算，未滿三十歲的她已累積了十年的服飾銷售經驗。「我從臺灣出發到韓國的時候都會說『我要回韓國了』，內心其實早就對韓國有一份歸屬感。甚至覺得比起臺灣，韓國的生活模式更適合我。」她說。

斜槓青年的世代，關鍵字是多種身分、多職人生。對於故鄉的認定，是否也能有多重組合呢？佳瑩總是說，自己的成就感來自於把客人變漂亮，看到客人心滿意足的回來找她，「即使沒有買東西，我也很開心」。

此心安處是吾鄉，在哪個國度獲得這份成就感，似乎並不是最重要的了。

就是想待在韓國

首爾的弘大一帶類似臺北的東區，從服飾店、化妝品到餐廳、居酒屋……各式店家聚集，愈夜愈精采。週末的半夜十二點是弘大最熱鬧的時段，Club的員工在街上到處宣傳拉人；半醉的酒客們漫無目的的閒晃，尋找下一攤的去處；擁有大片落地玻璃窗的ＫＴＶ裡，每一個包廂都在熱唱中。

在弘大，我最喜歡做的則是「搭訕」，和女朋友們在居酒屋裡喝酒聊天，一邊眼觀四面，看到其他桌不錯的男生就由我出馬搭話：「要不要一起玩？」然後併桌聊天。

韓國人愛喝酒，喝開之後跟隔壁桌陌生人聊起來的情況很常見，而且女搭男隔層紗，大多數男生都會驚喜的答應。但也不是搭誰都可以，我在出動之前還是會先比較兩方的「條件」：

- 人數，差距太懸殊會有人被冷落。
- 顏值，對方帥到像模特兒的就別想吧，我還知道自己幾兩重。
- 氣氛，如果對方是公司聚會，那就跳過，畢竟誰想跟上司一起被搭訕？
- 舉止，感覺太粗魯的NG，太「漂亮」的也NG，要是搭到男同志，雙方都尷尬。
- 年紀，其實這點還好，因為女生有保養加上化妝，普遍都看不出年齡。

看中了要搭訕哪一桌，我才會開始遞暗示。選定那一桌的一個男生，和他眼神交流，如果對方眼神回遞，沒有撇開頭，甚至來回幾眼之後還帶著微笑和旁邊同伴竊竊私語，那大概就有八成把握。

這時候拿起自己的酒杯，隔空和對方敬一下，對方若也舉杯回敬，BINGO！不是他出動，就是我出動。兩桌人準備併桌一起聊吧。

所以我的女朋友們每次出去吃飯都會一直斟滿我的酒杯，希望我喝開之後展現功力，幫她們搭歐巴或小鮮肉過來聊天。不過搭訕對我來說只是樂趣，大家聊得開心、練練韓文、耍一下女人味，真要靠搭訕交男友？這種想法我沒有。

所以當小璐（化名）和男友慶祝交往滿一百天、滿一年、見男友父母、甚至帶男友回臺灣見了自己爸媽……我一直有種見證奇蹟的感受。

因為小璐的韓國男友，就是我和她一起去搭訕居酒屋時認識的。

專供搭訕的居酒屋

弘大有間居酒屋以「搭訕」為號召，保證客人來這裡可以立刻搭訕或被搭訕。店家直接在招牌上用大字寫著「單身來，成對走」（혼자 왔다 둘이 되는 포차）。

這間名為「Solo Pocha（쏠로포차）」的居酒屋，採取「併桌」的帶位方式。把男、女安排在相鄰的桌子，讓客人很自然的和異性同桌，轉頭說聲

「安妞哈say優」就可以搭上話。習於被動的男男女女們，在這裡可以輕鬆無負擔的開啟搭訕，這種併桌形式有那麼點「快速相親」的味道。

因為用餐時間有限制，入場後只能待兩個小時，想繼續待就得另外再點下酒菜（下酒菜一道約臺幣六百元）。所以時間到了，如果同桌的人聊不來，自然會離開，再有下一組新客人入座。

我為了寫文取材，邀約小璐同行探險。與我們同桌的男生前後一共換了三組，第一組是

我和小璐一起去的搭訕居酒屋。

兩位三十出頭的上班族，穿著頗為稱頭的西裝，長得也不錯，可惜已經有點醉，講話顛三倒四。其中一位要了小璐的電話後，拎著快醉倒的同伴匆匆離去；第二組是兩位大學生，住在弘大附近。知道他們的年級之後，我覺得似乎有跟我同生肖的可能。

最後一組也是兩位大學生，在水原市[10]念書。為了參加光化門前的倒朴活動而來，活動結束後來弘大喝一杯。

「啊……又是大學生。」從大學畢業已經十年以上的我想著：「看來這間居酒屋的客人，年紀都偏低呢。」難怪門口檢查身分證的職員對我不甚親切，對排在我後面的女大生們卻笑臉迎接。

正盤算著是不是該把剩下的一點酒喝一喝、菜吃一吃回家了，坐我旁邊的男生竟開口：「跟我換位子。」我一轉頭，原來他要跟對面的同伴交換座位，好坐到小璐旁邊。

對我來說，搭訕就像打籃球，得分不必在我，助攻也是種成就。男生這樣的大動作，明顯表示他對小璐有好感。朋友有難，拔刀相助；朋友被搭訕，當然也得在旁好好敲邊鼓。「這邊再一瓶燒酒。」我向服務生喊了一聲，心想：「看來是不用馬上回家了。」

隔天起床，一陣宿醉頭痛襲來，我LINE了小璐：「還OK嗎？有安全到家嗎？」

小璐漫無邊際的閒扯幾句後，傳來：「我有男友了。」

就是想一直留在韓國///

我和小璐是在韓國認識的，她在網路上看到我分享韓國生活的部落格，請我幫她找房子。找我幫忙的人很多，小璐卻特別得我的眼緣，她個子不高，小巧圓圓的臉，大大的眼睛和總是笑著的嘴角，一眼望去就有「這人一定很好相處」的舒服感。所以找到房子後我們依然保持聯絡，我和臺灣朋友相約時也常會帶上她。在朋友總是來來去去的異國，她成了我韓國交友圈中的長期角色。

10：位於首爾南方的科技城，距離首爾約一小時車程。

小璐對明星如數家珍，喜歡的藝人範圍很廣，從臺灣的魔幻力量到韓國的偶像團體、模特兒，有簽唱會、演唱會、音樂節目錄影……她都去，算是「雜食型」的追星族吧。大學時曾經來韓國交換學生半年的小璐，畢業幾年後還是念念不忘韓國的生活，在二〇一五年的夏天再度來到韓國。這次她是為了學韓文而來，拿著Ｄ４語言簽證，向爸媽承諾要把韓文學到一定程度。

二〇一七年，小璐再次申請打工度假簽證，要念書也可以，要找工作也可以。「我就是想要留在韓國……」她說：「不想回臺灣，想一直留在韓國。」小璐的目標既然是一直留下來，那找到一個試用期過後仍願意幫她申請長期工作簽證的公司，就成為首要任務。

只是這一年，就連韓國人自己也不好找工作。從二〇一三年以來，韓國青年的失業率一年年爬升，二〇一七年達到有史以來最高的九·九%，被認為是亞洲金融風暴後最艱辛的求職狀況。連綜藝節目《無限挑戰》都為此特開一集，讓六位主持人去體驗面試，穿著西裝坐在主考官面前應付一個又一個問題，體會年輕人在找工作時被一關關考驗折磨的疲憊處境。

加上薩德飛彈防禦系統的設立，使中國對韓國設下限韓令。對韓國的各行各業來說，比MERS帶來的影響還大。中國來韓觀光人數銳減，二〇一七年一到八月訪韓的中國客總數為三百零二萬人次，僅有二〇一六年同期的一半。平常滿街中文觀光客的明洞比以往清幽，中韓航線的班機大幅縮減，大韓航空就決定縮減仁川至鄭州、釜山至南京等四百多個航班。旅行業蕭條，專接中國觀光團的免稅店員工不是被辭退，就是被迫休無薪假。

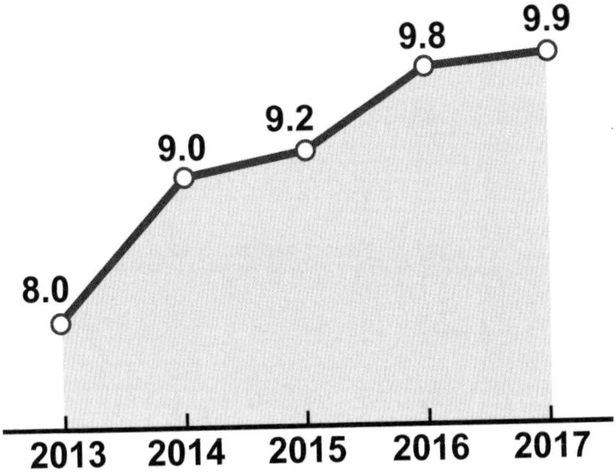

韓國青年失業率變化（單位：%）。
（資料來源：韓國統計廳）

韓國銀行在二〇一七年四月公布的報告也指出，薩德造成兩萬五千個職缺消失。我有幾位中國、臺灣的朋友剛從韓國知名的影視相關研究所畢業，參加韓國最大娛樂傳媒CJ集團每半年一次的聯合徵才活動，卻全數在第一關就被刷下。留學生之間流傳著這樣的小道消息：「因為限韓令，今年中文人才的職缺非常少。」

打工？代購？當網紅？

有韓國學歷的人都不容易找到工作了，只有語學堂證書的小璐更是屢屢受挫。她前後投了二十幾封履歷，旅行社、客服、民宿打掃、咖啡廳、內容網站、百貨公司服飾櫃位等，有的面試後就無下文，有的要她試做，卻總是做不了幾天就發現問題。

「咖啡廳排班一次要上滿八個小時，中間卻沒有吃飯、休息時間，只能抓空檔吃幾口三明治。」在臺灣有服飾賣場工作經驗的她抱怨：「要我站八小時ＯＫ，但不給人時間吃飯，怎麼撐得了一天啊？」

許多留學生做代購，小璐也開啟了蝦皮賣場，賣化妝品、偶像周邊，但韓妝市場競爭激烈，品牌網站價格又極為透明，利潤薄得剩不到十%，還得應付眾多問問就走、殺價的客人。已經血流成河的紅海，若沒特殊進貨管道或以大量創造經濟規模，單憑代購，難以維生。

因此許多代購會尋找「爆品」，追逐一波波的流行商品。舉凡韓劇女主角用的唇蜜、韓國人氣網模穿的褲子、部落客推薦的保養品……眼光跟緊網路聲量，討論度變高的商品要立刻進貨上架，搶到第一波熱潮。

像是有陣子網路上流傳一段韓國除皺棒的影片，就造成搶購轟動。影片中臉頰下垂、滿是皺紋的女子，在除皺棒滑過臉皮的瞬間，線條立刻拉提，紋路也被撫平，效果神奇到令人質疑，卻又忍不住想摸摸實品。我好奇買了一支，發現影片正如我所懷疑，是靠後製達成如此神效。產品本身的質地類似口紅膠，用起來又黏又難吸收，塗到臉上後只想馬上洗掉。但像我一樣被影片吸引、想購入使用的人仍不在少數。

我有一個朋友就開了間公司專門做爆品買賣，飛來韓國直接找到除皺棒原廠，一口氣下訂兩千支，再透過Facebook廣告、一頁式網頁迅速賣光，一次進帳近百萬。可是爆品需要尋覓，跟風的人又多，若沒搭上第一波熱潮，後進者只能拾些肉屑塞塞牙縫。所以最好的方式是自己打造爆品，也就是先吃下一批貨，自己創造內容（影片、照片、文字等），再找網紅一起曝光，下關鍵字廣告、Facebook 廣告，從零開始炒熱商品，創造流行。小璐也想依這樣的模式，自己做內容、寫文章拍影片，再附上自己的賣場連結，讓讀者觀眾循線購買，走網紅兼代購的路線。

「我已經想好要拍什麼了，我想要先拍韓國便利商店的蟹醬膏！」小璐興致勃勃的說。

「這不是很多 YouTuber 都已經拍過了嗎？」我問。

「但是他們都只有拍開箱啊，我要拍這個蟹醬膏的各種吃法，跟其他人不一樣。」小璐解釋。

有時候我會在小璐身上看見一部分的自己：想做的事情很多，腦中滿是點子，卻缺乏執行的意志力，常常吃碗裡卻涎著碗外。我想好好做自己熱愛的文字工作，卻又覺得到韓國公司上班有固定收入，很吸引人。於是一邊拖稿，一邊看著韓國人力銀行的職缺，卻花更多時間躺在床上滑手機，那些說好想做的事，總是很慢實踐。

於是我的書，在約定的截稿日期過了好幾個月後都還沒寫完；便利商店的蟹醬膏又推出了各種新版本，小璐的影片也還沒開拍。

回臺灣？不回臺灣？///

「爸爸昨天又跟我說，叫我回臺灣……」小璐嘟著嘴：「到他公司幫他一起做事。」愛女心切的爸爸，總是時不時問她在韓國工作找得怎樣？找不到的話，要不要回臺灣？「但我就是想待在韓國嘛……」小璐很苦惱：「我想要一直住在韓國。」

「沒有工作簽的話，妳就拿結婚簽好了。」我半開玩笑的說：「快跟男友求婚吧！」

「我也想啊……但是大概還要一、兩年吧。」小璐回我。

小璐在搭訕居酒屋認識的男友還在水原念大學，雖然已經當完兵了（韓國男生習慣在進大學前先休學入伍，等退伍再復學），但還要半年才能畢業。要有穩定的經濟能力，算算的確還需要再一、兩年。

「不然你們先登記呢？讓妳拿到簽證，也比較好找工作。」我的提議如果被小璐爸爸聽到，想必他會皺起眉頭，但我在幾年前找工作時，就曾遇過聽到我需要公司協辦工作簽證，就立刻「謝謝再聯絡」、掛了電話的人資；也看到愈來愈多職缺直接寫著「請自備可以合法工作的簽證」。

「我也不知道……男友也有在考慮要不要跟我一起回臺灣，先學中文，然後跟我一起幫爸爸做事。」小璐貌似覺得這個方法也不錯。

「妳不是想要住在韓國嗎？」我問。

「對啊……我想住在韓國……」小璐輕輕皺著眉：「但如果男友想去臺灣，好像也可以……」

恍惚間，我好像看到了Emily在我面前。不同的女孩，同樣「一直留在韓國」的目標，探究本質，竟意外的相似。

韓國、菲律賓、臺灣的尋愛旅程

「在臺灣每天都只有工作，沒有私生活。看看身旁的資深同事，就可以知道自己十年後會是什麼樣子。」Emily在臺灣媒體圈工作了六年後，於二〇一三年來到韓國：「而且生活圈小，交不到男友。報社每天晚上十一、二點才下班，有哪個男生可以在這時間出來約會？」

來韓之前，Emily是《蘋果日報》的記者，主跑時尚，每天接觸到的不是明星、模特兒，就是造型師、品牌公關。某某藝人大小眼，拍攝時只有報社主管出現才開始裝笑臉打招呼；某某部落客屁股真的很大，為了找部落客穿得下的裙子，打電話問遍各個品牌……她的職場日常滿是名人祕辛，活生生是本走動的《壹週刊》。

看得到名人，摸得到最流行的衣服，參加記者會被公關捧在手掌心（「名牌公關除外。」她強調：「名牌公關都很跩，衣服超難借。」）；韓國知名偶像男團BIGBANG到臺灣開演唱會時，還能藉由同業的各方關係混進記者會，和偶像近距離接觸。即使事後被主管痛罵一頓，她覺得依然值得：「而且我後來硬是寫了一篇BIGBANG的時尚風格，我也是有在工作啊。」

這樣的生活聽來頗為光鮮亮麗，但是每天生活日復一日，重覆做著類似的事，看不到未來會有什麼新變化。我好奇，時尚圈不是很多型男嗎？她笑了一下：「職場裡能遇到的男生很少。報社攝影？都結婚了。品牌公關？都是Gay。」她盤算，三十歲以前要換個環境，到其他國家生活。

想一輩子住在韓國，死在韓國

迷上BIGBANG，可說是她的人生轉捩點。除了追到韓國看演唱會，也愛烏及屋的開始看韓綜、追韓劇。她和一群哈韓的朋友有個聊天群組，每天討論韓國演藝圈消息或BIGBANG的最新動態。原本「三十歲前到其他國家生活」的目標，自然而然變成「搬到韓國！交歐巴男友！」

每個禮拜天早上，她都到臺北車站旁的補習班報到，從早上十點開始一連上兩個小時的韓文課。上次她來臺北車站的補習班已經是七年前的事，那時還是大學生的她是為了IELTS雅思考試。喜歡補習的人不多，動機的改變卻會帶來不一樣的感受。「我以前補雅思的時候好痛苦，但都不會想蹺韓文課。」

第一冊的課本還沒教完，Emily就出發了。

韓文檢定為一到六級，一級最初階，六級為最高。Emily想，花個一年把韓文學到中上程度的四級，應該堪用吧？到時再看看能不能在韓國找到工作，或交個歐巴男友，讓她能在此定下來。

「我那時候真的是千方百計想留在韓國，一輩子住在韓國、最後死在韓國。」Emily自己講一講都覺得有點好笑。

在這一年裡，Emily還真的交了幾個歐巴男友，卻都維持不久。有次她交了個韓國典型菁英份子的男友，高麗大學畢業、在ELAND集團上班，剛出社會就有月薪三百萬韓圓（約臺幣八萬一千元），卻在交往不到一個月後調離首爾，劈腿同期的女同事，連面都沒見就用簡訊和她提分手。Emily有點心灰意冷，覺得韓國沒自己想像得浪漫美好，每次找我們一群朋友喝酒療情傷時，都會藉著醉意大喊：「我好想回臺灣！」

仍有幻想，寧當免費勞工///

一年後，真的念到四級了，Emily卻發現這樣的韓文能力不上不下。要找到好的工作不容易，去做不需要韓文能力的民宿打掃，又覺得那何必。加上最重要的：「我對韓國男生還是有點幻想。」她說。於是和父親討論後，咬牙報名念到六級，同時回臺申請了打工度假簽證，再給自己一年的時間。

一開始，她想串連自己的職涯，一直往韓國的報社、雜誌社找，就算公司開出來的職缺要求不完全相符，她都會硬著頭皮丟履歷，甚至還曾向主考官說「我願意不拿薪水工作」這種令所有在場面試者傻眼的話。或許是這番真心打動面試官，也或許是免錢的勞工誰不想要。當時韓文才五級的她，還真的擠進了韓國的三大報社之一，做起新聞編譯。

終於從幾個月不支薪的義工轉為可以領薪水的員工後，以為獲得一點肯定的她卻發覺：「報社無法幫我申請工作簽證。」等於打工度假簽證一年到期，她還是得回臺灣。而她的最終目的明明是「留在韓國」。

面試超過二十次才找到工作//

於是Emily又展開找工作之路，那一陣子我們幾乎每次碰面，都可以聽她聊又去了哪裡面試，從醫美診所、旅行社、中文老師、化妝品店……若真要細數，來韓國後她至少面試了二、三十次。

在打工簽剩不到半年時，她找到了一份仲介的工作，公司叫作「青春遊學」。這份工作說來奇妙，是韓國公司要做臺灣市場，介紹臺灣人到菲律賓去遊學、練英文。原來是菲律賓消費便宜，崇尚英語能力的韓國人如果負擔不了高價的英、美遊學，會就近到菲律賓學英文。這些語言學校除了有教室，還像個青年旅館，附宿舍、餐廳、運動休閒設施，包吃包住。有些學校甚至位於深山，去哪都不方便，變相的軟禁，讓學生可以心無旁騖的專心學英文。

菲律賓的這些語言學校，背後投資者大半是日本人和韓國人。Emily的老闆眼見韓國市場已經飽和，打算擴張臺灣市場，把這樣的遊學課程介紹給臺灣的學生。原本我覺得莫名其妙，跟她說：「我如果是臺灣學生，為什麼要找一個在韓國的公司，幫我代辦菲律賓的遊學行程？」

但Emily還真的把臺灣市場給做起來了，不到半年，每個月平均可以仲介十多位學生報名課程，讓她在公司裡走路有風，甚至還有膽量與韓國老闆吵架。有次她身體不舒服，老闆以為她是為之前的爭執不開心，堅持要她講清楚，不肯讓她早退，於是她對著老闆大吼：「你希望我死你才開心是嗎？」

每週五晚上，是我們的上班族吐苦水之日，連續工作五天後都一心只想

Emily（右一）和韓國同事一起到菲律賓出差。

Emily（右二）到菲律賓出差，照顧參加遊學的臺灣學生。

和朋友吃飯喝酒，互相講講公司的壞話。偶爾也會聽到她在網路上認識了某個男生，見面、約會的情況，或同事介紹了自己的朋友給她，下場卻很慘烈的故事。

我曾經介紹一個中國男生給Emily，她老實跟我招來：「雖然男生人不錯，但我一開始有想過『我都住在韓國了，卻找不到韓國歐巴，要跟中國男生約會？』」抱著這樣的想法開始的關係，最後我自然當不成能獻上祝福的媒人。

搖身一變臺灣支社長//

在遊學仲介公司上班快一年之後，Emily覺得臺灣市場值得開發，如果回臺灣開設分公司，能夠做得更多更深，也可以賺更多，於是和老闆協商過後，決定要在年底回臺灣，徹底搬回國。說出這個決定的她，眼神堅定，像個事業女強人。

「哇~以後我要叫妳青春遊學的臺灣支社長！」我說。

「哎喲，員工也只有我一個啊。」Emily害羞中帶點得意。

「但妳不想待在韓國嗎？工作簽都到手了。」我想起她一開始對韓國的狂熱。

「反正在韓國也找不到可以穩定交往的男友，」Emily回答：「我覺得回臺灣找好像比較快。」

我笑她：「妳這話什麼意思？如果妳現在有韓國男友，就不會回臺灣嗎？」

她試圖爭辯：「如果夠穩定的話就不回臺灣啊，我換份能留在韓國的工作就好了。但要夠穩定，像是交往了半年以上……」

為了尋愛來韓國，又為了尋愛回臺灣，原本「一輩子住在韓國」的夢想在我看來，其實是一趟尋覓真愛的旅程啊。

對韓國的想像幻滅了

我所遇到申請韓國打工度假的臺灣朋友，沒有人是抱著「我要來韓國賺錢」的動機，大部分都是對韓國有興趣、有嚮往，事先準備了一筆存款，或者有家人金援，才來一圓韓國夢。

韓國物價是臺灣的一點五到兩倍，而韓國特有的續攤文化、繽紛便宜的美妝品、四處旅遊賞景……也讓在韓生活費預算持續追加，向爸媽要求多匯一點錢是常見的事。像郁涵（化名）這樣打工到半夜，抱著「之前存下來的二十萬臺幣如果花完，就要回家」堅定主意的人，並不多見。

郁涵計畫很明確，來韓前先投了履歷，抵達的第一個禮拜就進行面試，第一個月開始工作，用打工的收入來支撐她的韓國生活。「我九月到韓國，第一個月都是花老本，但第二個月開始就沒有再從預備金存款帳戶領過錢了。」她說。

從研究所畢業後，郁涵在運輸業當客服，第一份工作一做就是三年。決定要來韓國，最反對的是爸媽。「家裡有經濟壓力，需要我這份薪水。」郁涵解釋：「而且媽媽覺得……女孩子不要在外面跑，乖乖待在家就好。」但她想離開臺灣、出國走走。她喜歡韓國偶像團體CNBLUE，於是想到偶像所在的國度過過日子。

上語學堂又打工，筋疲力盡//

外國人來韓國學韓文，最多是報名大學裡的正規語學堂課程，週一至週五每天上課四小時，許多學生光是上課、寫作業、念書，就大喊吃不消。我自己在語學堂念了六級，常常回家寫作業就花去兩、三個小時，更別提期中考、期末考、小組報告，有時候還要拍影片、做PPT。同學之中，因考試分數不及格而留級的大有人在。

郁涵怕韓文實力不足，一開始也報名了語學堂。每天早上九點到下午一點上四小時的韓文課，週一到四的晚上六點到十二點則到餐廳廚房打工。打工那幾天，她常常要半夜一點後才到得了家，隔天還是得八點起床，趕九點的課。語學堂下課後，同學總會相揪吃飯、到咖啡廳念書。為了讓學習、工作、友情都能平衡發展，犧牲的往往是自己的作息。

一個多月下來，郁涵的黑眼圈愈來愈重，氣色不佳。期中考前她終於受不了，向餐廳遞出辭呈。「期中考的面試要兩人一組考對話，得事先全部背下來才行。」她說：「晚上要打工，我實在沒有力氣這樣背書，只好決定離職。」

時時被監控的速食店廚房

結束期中考，她找了另一個離家走路只要五分鐘、上班時間也較彈性的工作。一樣是廚房助手，但這次是在速食店Mom's Touch。Mom's Touch是韓國近幾年興起的本土速食品牌，專賣漢堡、炸雞，很受年輕人歡迎。郁涵有天回家經過，看到店門口貼著「徵廚房助手工讀生」的公告，進去問了一下就應徵上了。

「哇，那妳不就可以每天吃免費的漢堡、炸雞囉？」我幻想著。

「漢堡是可以吃，但想吃炸雞得自己買。」郁涵說：「員工餐只有一個漢堡。」

「那……飲料呢？」記得以前朋友在速食店打工，每天飲料都喝到飽。

「前輩是說可以喝，但我裝過一次，店長一直盯著我看……」臉皮薄的郁涵受不了這種眼光：「乾脆就不喝了。」

速食店位於鬧區，廚房空間不大，也沒有什麼休息空間，但最讓郁涵訝異的是整潔度。廚房員工都得換穿制服，「我第一天上班，隨便抓了件制服換上，結果回到家全身發癢。」她說：「後來才知道制服很髒，大家都隨便穿，一、兩個月才會送洗一次。」後來她都會在裡面穿上自己的衣服，避免皮膚直接接觸到油膩的制服。

「而且每天地板都超亂，因為大家會把垃圾丟地上。」速食店的客人多、出餐求快，沒時間慢慢整理。「起司片的塑膠片、點菜單、掉落的生菜……所有東西都丟在地上，廚房根本一團混亂。」郁涵說：「而且油煙很重，我每天回家一身油煙味，每天都要洗頭才行。」

氣味還不算職業傷害，為了拍打炸雞裹粉，她的手腕長出繭來，手臂上也滿是一點一點被油噴燙的傷痕。有時輪到她負責洗生菜，「一次通常得洗五大顆生菜，要用冰水洗才行，不然葉子會不夠脆。」速食店廚房助手的工作，在凍與燙之間來回。

工作的繁重是肉體勞累，老闆的偏坦與猜疑更使郁涵心累。「店長喜歡的員工順序，是韓國男＞韓國女＞外國男＞外國女。」她下了這個結論。因為韓文程度還無法精確表達，明明不是自己造成的錯誤卻不知該怎麼解釋。就算想解釋，老闆也沒耐心聽結結巴巴的韓文，真正是啞巴吃黃蓮，有委屈說不出。

加上小氣的老闆見不得員工休息，發現有人沒在動作，就會指派別的工作。人不在店裡，也會透過手機連線監視器，一發現誰在休息就打電話到店裡罵人。「最討厭的是，他很愛臨時改排班時間。有時候明明排的是八點的班，他卻五點打電話給我，要我六點就來。」不把員工時間當時間的老闆，如果郁涵拒絕，還會用上情緒勒索的招數，反過來責怪郁涵讓他很難做事，一度讓做過三年客服、好脾氣的郁涵壓力大到落淚。

對韓國人的想像幻滅

我旅遊過一些國家，也在越南、非洲、韓國工作過，幾年觀察下來，對幾個國家的女生有著非常個人的感想：韓國女生直接、日本女孩客氣、中國女孩直爽、香港女生精打細算、越南女生任勞任怨。而臺灣女孩的特色，則是「善良」。

許多臺灣女生找我幫忙，見面都會拎上伴手禮，即使我早早就叮嚀她們「行李空間不多，帶自己的東西來就好，千萬別送我東西」。有時遇到壞老闆、惡房東，臺灣女孩來向我哭訴，我氣憤的查好申訴管道，或是教她們可以怎樣罵回去時，常常聽到的回答是「算了，反正都過了」或「我忍一下好了，反正馬上要走了」。

郁涵就是這樣一個善良的女生。有次我在Facebook社團「在韓國找工作」某個職缺布告下看到她留言：「這份工作有提供簽證嗎？」以為她想換工作，一問之下才知道，是她的馬來西亞朋友想找有提供簽證的工作。對方沒要她幫忙，郁涵卻主動想起朋友的需求。就連我和她閒聊到寫書需要受訪者，她也認真思考周遭朋友有沒有人符合，主動幫我說服對方。

人類大多用自己的經驗思考別人，所以善良的弱點就是容易受傷。郁涵在韓國住了幾個月之後，發現原本對韓國的想像跟實際有落差。「我以為韓國人對外國人會很有耐心，我來韓國可以跟韓國人好好交朋友、聊天，來了之後發現很多人都容易不耐煩……」她說：「之前來玩的時候，覺得自己韓文好像不錯。在這邊工作之後，再也沒有這種感覺。」

對韓國人的幻想破滅，其中也包含韓國「男人」。

在第一個餐廳工作時，有幾天忙不過來，韓國同事找了朋友來暫時幫忙。工作結束前，這位朋友向郁涵要了KAKAO[11]，約好以後再見面。第一次約會，他們在新村一起吃飯，兩人用簡單的韓文溝通，男生要郁涵叫他歐巴[12]，全程耐心聆聽郁涵講話，隱隱有點粉紅浪漫氣氛。飯後，歐

巴拉著郁涵說：「走，我們去Multi-Room（멀티방）。」

Multi-Room類似臺灣的MTV包廂，每個小小的隔間裡有大電視螢幕、電玩、DVD播放器等，可以在這裡看電影、玩Wii或唱卡啦OK，算是設備更豐富的MTV，而且也跟臺灣的MTV的「氛圍」類似，許多年輕情侶會在這種密閉包廂裡親熱。

郁涵聽到看電影，就跟著一起去。兩人在包廂裡看DVD，歐巴默默握住她的手。郁涵一邊疑惑、一邊小鹿亂撞，「這……現在是怎麼回事？會不會太快啊？」歐巴愈靠愈近，已把她整個摟進懷裡。「等等，不要。」郁涵推開他。

「為什麼？」男生問。

「這是男朋友做的，歐巴不是男朋友。」郁涵用短短的韓文句子解釋。

「那就讓我當妳男友吧。」男生又把她拉過去。

「太快了。」郁涵試圖推開。

11：KakaoTalk（카카오톡），是韓國最多人使用的智慧手機通訊軟體。

12：오빠，韓國女生對比自己年長男性的稱呼語，通常是較親密的關係才會使用。

男生卻理直氣壯的說：「我是妳男友，為什麼不行？」

出了Multi-Room，歐巴送郁涵回家。

郁涵鼓起勇氣問：「我們現在是男、女朋友嗎？」

「……再說吧，我再聯絡妳。」男生語帶模糊的回答，之後再也沒有消息。

「我還以為韓國男生很好、很有紳士風度，卻不是這樣……」郁涵說。

「嗯……Multi-Room可以一群朋友一起去，但如果是一男一女，通常是帶有點性暗示的……」我跟郁涵解釋。

「我不知道啊……」郁涵苦笑。

在民宿打掃得躲警察///

語學堂上了半年，郁涵沒再報名下一期，專心的打工度假。她辭掉速食店的廚房工作，改到民宿做打掃。

「在韓國找工作」Facebook社團裡，最常見的就是民宿類型工作，有的

Multi-Room裡可唱歌、看電視、玩遊戲、看電影。

是早上清潔打掃，有的是晚上櫃檯接待。民宿客群多半是外國人，以華語圈為主，來打工度假的臺灣人、香港人是民宿老闆最喜歡用的工作人員。為了降低流動率，有些民宿還會開出「H1簽證剩下的有效期限需在半年以上」的附加條件。

民宿最多在弘大、新村一帶，再來是批客聚集的東大門附近，客人一般得在早上十一點前退房，下午三點後可以Check-in，所以打掃的時間就集中在早上十一點至下午三點之間。

許多藏身於大樓的民宿是走日租套房路線。訂房後，老闆會把房間密碼給你，房客直接按房門密碼入住即可，類似Airbnb。一間套房（One room／Officetel）月租大約七十萬韓圓（約臺幣一萬九千元），租給旅客一天房租在兩千元臺幣上下，一個月出租率只要達五成以上，幾乎就穩賺不賠。不少民宿老闆愈做愈大，在同一棟大樓裡租了十幾二十間，再請幾個打掃小幫手，做遊客生意就賺得飽飽。

不過這類民宿遊走在法律邊緣，因為許多大樓本是住商混合建物，當初核發的執照並非民宿／旅館業種，日租套房沒有經過消防安檢、衛生檢查等管理手續，依法是不能營運出租的，不過韓國法律沒有相對的強制規定，讓警察即使明知此處有民宿在經營，也難有實際取締的手段。

郁涵的老闆就再三提醒她：「如果有警察問妳來做什麼，千萬不能說妳是來民宿打掃的。」有次還真的在一樓大廳遇到警察，郁涵先是裝傻聽不懂韓文，沒想警察多聲帶，竟然立刻轉成中文開口。郁涵只好趕緊胡謅：「我朋友住這裡，我來找他玩。」

雖然每天上班之餘還得忐忑是否會再遇到警察盤問，但郁涵很喜歡這份工作。「老闆對我們滿好的，有時會買午餐給我們，像昨天就叫了炸醬麵外送。而且有時候有事想提早走，也可以和一起打掃的小夥伴商量。」跟速食店一樣工時比較彈性，但這次郁涵也有主動權。

早上開始、下午就結束的打掃工作，也剛好配合上語學堂同學的作息。雖然郁涵沒有繼續往下念，還是會和同學相約玩耍，一起看電影、參加活動、規畫旅遊。在韓國的最後幾個月，她終於過上跟一開始相比更穩定又愜意的生活。

下一步要去哪呢？離開韓國三個月後，二〇一八年一月一號，她在

日租套房通常位於交通方便的鬧區，且內附廚房（此為示意圖，非郁涵工作的民宿）。

Instagram上寫下五個新年願望，第二條寫「找到人生的方向」，第五條是「愛我的人&我愛的人」。我收起要問她的問題，心想，看來答案還要再等一等了。

PART 3

闖蕩韓國職場，你該知道的事

在韓國職場打拚，雖然韓文條件不可或缺，
但專業技能、母語優勢及文化表現更為重要，
這些也讓「臺灣人」成為備受嚮往的品牌。

臺灣人的品牌力

「활용도 높은 스커트……嗯……활용도 是使用頻率，使用頻率很高的裙子？好，就翻成很實穿百搭的裙子吧。」坐在高腳吧檯椅上，我轉著筆桿，在腦中自問自答。

這是一間辦公大樓的地下室，某個韓國成衣品牌的辦公室兼倉庫。辦公室正中央有一個長吧檯，旁邊擺設著冰箱、微波爐、洗碗槽，算是開放型的茶水間。站在吧檯往右看是設計部和倉儲區，一桿桿的衣服、幾張桌子拼成大概兩張雙人床大的桌面，此外還有好幾臺裁縫機，還有數十個大型銀色金屬架，上面疊放著一包包用透明塑膠袋包裝的衣服。

從吧檯往左看是辦公桌區，還有個小攝影棚，每張桌子上擺著兩個電腦螢幕，是客服、行銷、美術等部門工作人員的位置。員工大多是年輕時髦的女生，白臉紅唇又身形苗條，各個穿得都像這個品牌官網上的模特兒。

文案還沒有翻譯完，理事就坐到我對面：「十分鐘到了，妳寫得如何？」

我有點尷尬，交出那張只填滿一半空白的紙，試圖解釋：「我想說除了翻譯，還要寫得很吸引人、讓顧客會想買，所以有點不知從何下筆……」心想這次面試應該是搞砸了。

理事有點驚訝，卻順著我的話：「其實大概翻譯就好，妳可以照自己的意思寫，不用百分之百符合韓文的原意。」

她把紙推到一邊，拿起我的韓文履歷，一邊問問題、一邊在上面做筆記：「妳是政大畢業的，我聽說臺灣政大是很好的學校，跟韓國的ＳＫＹ[13]差不多，妳很厲害呢。」

13：韓國三大名校：首爾大學（Seoul National University）、高麗大學（Korea University）和延世大學（Yonsei University）的簡稱。

我瞄著旁邊那張沒寫完的試卷，覺得臉有點燙：「沒有啦，當初考試運氣好。」

「妳很謙虛呢。」理事盯著我的雙眼，接著又繼續問我前幾份工作的內容，卻也沒等我詳細回答，就自顧自開始說：「我們的牌子在韓國賣很好，也收到很多海外客人的詢問。今年初正式開始做日本市場，業績起來得很快，現在日本已經有兩個員工負責。現在想要找一個懂中文的來做中國跟臺灣的市場。」

來面試前，我研究了一下這個牌子，衣服設計簡單、顏色普遍明度低，官網上的照片一律是白色背景。以外套來說，大多是oversize的版型，尺寸卻都是S與M，是韓國二十幾歲的纖細女孩們喜歡的風格，卻絕不是身為L號尺寸、三十幾歲的我會買的衣服。而坐在我對面的理事四十出頭，短髮髮，一身及膝窄裙和合身的西裝外套，看起來也不像這個品牌的消費族群。

理事繼續說：「我們需要妳把產品翻成中文，也要經營品牌的SNS內容。我有看妳的粉絲專頁，覺得妳寫的內容很有趣，像妳前幾天寫關於金正恩的笑話，挺特別的。我們在日本的銷量非常好，還曾經到日本辦活動，等華語區做起來之後，可能也會需要妳一起出差。」她又低頭看了我的履歷：「妳英文應該不錯吧？」

我不確定她比較喜歡自信模式還是自謙模式，於是選擇用事實回答：「我之前在越南工作時都是用英文和不同國家的廠商溝通。」

她看起來很滿意，也沒打算多做測試：「我想妳的英文不會有問題。」她又解釋公司未來的計畫、不喜歡員工加班、福利等，接著問我想要多少薪水、何時可以來上班。反而是我一陣混亂：「什麼？我要被錄取了嗎？」最後約定了三週後報到。

為什麼要用臺灣人？///

如果在韓國的人力銀行網站Jobkorea或Saramin搜尋「대만（臺灣）」一詞，可以看到許多要找臺灣人、或能通繁體中文的韓國人的工作機會。通常是公司的海外營業、行銷部門，要拓展臺灣市場的業務，或遊戲公司需

要負責在地化的各國ＰＭ，也有旅行社的ＯＰ職缺。這些工作職務要面對的是臺灣市場、臺灣客戶。明明在韓國的中國學生更多，還有韓文、中文皆通的朝鮮族，為何一定要臺灣人呢？

雖然有人認為臺灣和中國同文同種，加上現在網路發達，用詞交流極多，工作上不會有太大差異。但仔細觀察許多小細節，明眼人一眼就可看穿文字背後的那個人是來自中國還是臺灣。

就像英文也分為美式英文或英式英文，發音、腔調、用詞都有不同。中國、香港、臺灣、新加坡、馬來西亞所用的中文也各有特色，「人不親土親」雖然是句老話，但人際溝通對於「共同性」的喜好趨向，是心理學也證明過的道理。在商場上，用當地人來面對當地人有明顯的好處，再加上政治議題、過往文化表現，一路累積下來，「臺灣人」竟成為一個備受嚮往的品牌。

我的好友雅琪（化名）在韓國一間ＩＴ公司上班，公司做的是電商後臺的一條龍式服務，包括架網站、購物車金流、網路行銷、客服等項目，客戶想在網路上賣東西，可以直接購買、套用現有的網站模型，不用自己找程式設計師從零打造起。在韓國賣得好了，想往海外市場發展，他們也設有翻譯組、海外行銷組幫韓國品牌打天下。

雅琪所在的海外行銷組又再細分為英語區、日語區及華語區。華語區共有五個人，兩個韓國人、一個中國人、一個朝鮮族，再加上身為臺灣人的雅琪。每個員工負責不同的品牌客戶，幫品牌投放FB廣告、Google關鍵字、跟網紅談業配合作等，公司在中國、菲律賓也設有分公司，三地員工一起為韓國客戶服務。

雅琪三不五時就被中國分公司傳來的文案氣得半死：「我不是說過不要再寫『全場包郵』了嗎？臺灣用的是『免運』！要不就是皮膚『乾燥』，不能寫成『幹燥』啊！」雅琪抱怨：「每次都要幫他們改，常常得從頭再寫過！」

有時等不及雅琪，經營粉絲專頁的中國分公司直接把文章給發出去了：學院清純「範」、馬上查看特價「鏈接」、這款乳液很多「博主」都介紹過……「我已經不想管他們這種小的貼文了，不然管了之後又是我得負責改。」雅琪大嘆氣。

誠實親切成為臺灣人特色／／

跟團旅遊──特別是低價團──最容易聽到的抱怨就是「導遊帶我們去土產店，不買他就臭臉」，要不就是在店裡虛耗時間，等全團買到一定金額後，導遊才滿意的帶大家往下一個景點移動。韓國也有很多專為團體觀光客所設的購物站，包括人蔘店、保肝靈、水晶店、彩妝店、土產店等。依照團客國籍會聘用不同國家的店員負責招待。

臺灣女孩語彤（化名）就在韓國這類觀光團彩妝品免稅店工作。她的第一份免稅店工作位於首爾市中心的龍山區，老闆是香港人，同事有臺灣人、中國人、香港人，還有泰國人及中韓文都通的朝鮮族。接的團來自四面八方，大部分是亞洲團，中國人占大宗，西方遊客極少。語彤工作一陣子後，發現朝鮮族同事會假裝自己是臺灣來的。一來是因為臺灣人的中文發音不重捲舌，常有中國人覺得臺灣人語氣柔和、像在撒嬌，聽在耳裡很是溫軟舒暢。二來，是臺灣人給人「不會騙人」的形象。

中國客人每每知道語彤來自臺灣，對她就有點另眼相看，態度也比較好。有客人說：「妳臺灣來的，我覺得妳不會騙我！」大手筆買下好幾套保養品。或者是：「我要買剛剛那個臺灣女生推薦的。」認為她說的話比較可信。於是不少同事收起自己的捲舌音，搭著臺灣腔調，向中國觀光客宣稱自己是在韓國長大的臺灣人，沾一點臺灣人的品牌光芒。

除了口音，大多數臺灣人個性比較溫和、注重群體關係的共同特性，也成為韓國人眼中的優點。雅琪在韓國第一份工作的韓國主管，有次在酒後忍不住對她脫口而出：「也有中國人來應徵，但我比較喜歡臺灣人，比較好相處！」

中國目前的家庭結構多為獨生子女，習慣當家族的中心。中國西南大學心理學教授姜秋曾針對兩百五十多名中國大學生的大腦結構進行研究，發現在智商方面，獨生子女與有手足的人無太大差異，但親和性較低。

雅琪開玩笑：「我覺得我的中國同事很有『被討厭的勇氣』。」中國同事不只在工作上敢於直接拒絕其他人的請託，也沒打算融入一些韓國職場的辦公室文化。像是同事間習慣輪流請喝咖啡或下午茶，被請過幾次之後，雅琪也會主動跳出來買飲料請大家喝，但從未見過中國同事有此舉動。有次她忍不住：「欸，你老是喝別人買的，總該換你請大家一次吧？」

對方理直氣壯的回答：「是他們自己要給我的，我又沒要求他們。」

韓國組長也幾次語重心長的對雅琪說：「幸好有妳在我們這一組，氣氛才能這麼好。」

首爾街頭不少店家會強調有提供中文服務。

不會講韓文，也能在韓國工作？

我採訪過不少在韓國工作的臺灣人，如果問他們：「你覺得來韓國工作，最重要必備的是什麼能力？」大概九成的人都會毫不思索的回答：「韓文能力。」剩下一成的人也會覺得韓文重要，但最初把他們帶進韓國職場的卻並不一定是韓文，而是本身的專業技能，或者，是因為他們的臺語講得好。

接待外國人的免稅店是首選／／

點進Facebook上由臺灣或香港人經營的韓國職缺情報社團，常常可以看到像這樣的職缺：

韓國化妝品免稅店徵臺灣員工

要求：會講臺語、中文（不要求韓語）。

我們是一家接待觀光客的韓國化妝品免稅店，本店位於首爾，此外濟州島、釜山、泰國普吉島、曼谷都有分店。因為臺灣客人增加，開始召募會講臺語的臺灣員工，且可協助辦理工作簽證。

工資：四萬臺幣（約一百三十萬韓圓），第二個月開始可提成。會加入四大保險。

工作時間：早上九點到下午六點（月休四天，可排休），公司提供住宿。

有人則在下方留言：「月休四天，排班制，薪水轉帳給韓幣，年齡要求三十五歲以下，宿舍則是兩人一房可開伙。以上是我詢問對方後得到的回覆……我覺得大家還是多考慮一下吧。」

對想要來韓國工作的人而言，免稅店應該是門檻最低的機會，而免稅店之中，又以與旅行社配合、專接團客的購物站最常召募只會講臺語／中文的員工，且沒有學歷科系限制、不要求韓文程度、簽證也較好申請，甚至有些人力仲介會開高價來轉賣這類職缺。

仲介乘機吸引求職者

品妤（化名）就是透過人力仲介到韓國工作，月薪五萬的工作，仲介開價臺幣十五萬。

品妤家境不差，還有能力送她到加拿大念書，大學畢業後回到臺灣，在某傳產當會計，一做就是好幾年。愛漂亮、喜歡打扮的她，對辦公室的OL生活一直有種「非我歸處」的厭倦，下班回到家又得面對貌合神離的爸媽，夾在中間的她，想逃開又放不下親情。後來她一頭栽進韓劇的世界，數次到韓國旅遊，對偏辣的飲食、永遠有新變化的彩妝品牌、乾爽的天氣，加上遠離家庭的紛紛擾擾，品妤心想：「這才是我要的環境！」

專門接待團體觀光客的購物站。

她在二〇一五年辭掉會計工作，到臺灣百貨公司的化妝品專櫃打工。雖然每天要久站十個小時，她也不覺得辛苦。「看到客人用了我推薦的化妝品變漂亮，心裡就有種滿滿的成就感。」品好在Facebook社團看到有人貼文，韓國的化妝品免稅店徵臺灣銷售員工，可以住在韓國，又能接觸化妝品，根本是夢想中的工作！

她寫信問了對方，對方表明自己是仲介，如果想應徵這份工作，他會幫品好一手處理到好，代價則是十五萬臺幣。

「不用擔心，妳只要先付三萬臺幣當訂金就可以了，剩下的費用可以分期付款，每個月付三十五萬韓圓（約臺幣一萬元）。第二年續工作約的時候就不會再有任何費用了。」仲介繼續鼓吹：「而且韓國租房子很貴，但公司有提供宿舍，妳就不用自己找房子付房租，工作滿三個月後還可以依業績抽成，底薪跟獎金加下來，很多人一個月都可以賺兩、三百萬韓圓（臺幣五萬四～八萬一千元），比在臺灣當櫃姐好賺多了。」

抱著韓國夢的品好匯了三萬臺幣，花了幾個月拿到工作簽，出發前一個月才接獲通知：宿舍住滿了無法讓她入住。

九個女孩共用一套衛浴

同樣是到韓國化妝品購物站工作，語彤沒有透過仲介，自己找到店家應徵，省去了仲介費，也順利住進宿舍。宿舍是三房一廳的韓國老房子，有廚房，卻僅有一套衛浴。房間都不大，塞進雙層床架，每間房硬是擠了三個人，等於九個人共用一套衛浴，洗澡還得排隊。

「我都自願當最後一個，」語彤說：「不然上廁所時想到後面還有人在等，就覺得壓力好大。」

化妝品購物站對銷售員的外貌有所要求，通常是年輕漂亮、皮膚好的女孩，視覺年齡得在三十五歲以下才會被錄取。一九八四年出生的語彤小臉短髮，和桂綸鎂有點神似，處在一群九〇後的中國女同事之間，全無違和。

不重視人權的嚴格管理

她的中國同事大多是抱持對韓國的嚮往而來，有人在網路上交了韓國男友，某天外宿趕不回來上班，主管把所有人大罵一頓，為宿舍訂下了門禁，晚上十一點前都得回到宿舍，不准外宿。

「如果休假時想要去遠一點的地方玩呢？」我問。

語彤無奈的回答：「就還是得趕在十一點前回來，不可以住在外面。」

公司對待這群女孩的態度像在管理高中生，或者更殘忍的說——像在管理物品。

購物站採排班制，一個月只能休四天假。雖說是排班，卻又充滿變動，只要公司臨時缺人就會擅自改班表要求你上班，不管你是否已經跟朋友有約。在MERS蔓延韓國期間，觀光客銳減，公司更直接叫員工不要來上班，薪水？當然也不會給。所謂無薪假，不是臺灣獨有的發明。

有次我和語彤相約，她臨時傳訊息來取消：「抱歉！可以跟妳改下禮拜嗎？我今天得打包行李。」

「妳要去哪？」我問。

「公司剛剛說明天有五個新的中國女職員要來，要讓她們住我現在的宿舍，要我和其他同事把房間讓出來，搬到另一間宿舍去。」她回我。

「搬到另一間？明天就要搬嗎？公司怎麼今天才說？」我不解。

「對啊……公司要求我們明天就要把房間空出來，所以只剩今天可以整理。」語彤很樂觀：「幸好我的東西不多，今天晚上就可以打包好。」

來韓國前，語彤在臺灣的貿易公司工作過好幾年，就像是同事間的大姐姐，比其他女孩更能忍受公司奇奇怪怪的要求。唯有一點她不能接受——

「公司竟然要我們交出護照給他們保管！」語彤抱怨：「因為之前有個中國女生受不了這麼累，沒講一聲就跑走。但保管護照也太誇張了吧！把我們當成什麼啊？」

「那妳交出去了嗎？」我問。

「其他中國女生都交了，」語彤說：「但我覺得這樣很奇怪，所以堅持要自己保管。」

後來語彤換了一間購物站上班，這次就算再怎麼想省錢，她也不願意住宿舍了。

韓國企業裡的外國人

外國人等於國際化？//

不會講韓文也能到韓國工作的機會也不只免稅店，中、英文流利的小吳（化名）到三星工作，就是個實例。他成大畢業，工作幾年後到美國念研究所，研究所要畢業時，在校園徵才活動時隨手向三星投了履歷，連過幾關，順利拿到offer。

「那時候也想在美國找工作，但一直找不到……想說那就來韓國試試看好了。」於是一句韓文都不會說的他，就這樣踏進韓國職場，還是韓國最大、社會新鮮人最嚮往的企業集團。

來到韓國，簽證、宿舍、銀行開戶等，起初都有人幫忙處理，不會韓文似乎也不是什麼大問題。但開始在產線工作之後，小吳才發現並不簡單。「工作內容是還好，比較麻煩的是產線技術員的英文並沒有那麼好。」他解釋：「妳想，臺灣電子廠在找作業員的時候，會要求他們的英文能力嗎？通常都是簡單的基本單字而已。所以遇到比較複雜的狀況時，這些韓國技術員會不知道怎麼跟你解釋，要解釋還得花時間去查英文字典。到最後他們就乾脆不理你了。」

曾經任職於《華盛頓郵報》的商業線記者法蘭克．阿倫斯（Frank Ahrens），在結束十八年的記者生涯後，隨外派到美國駐首爾大使館的妻子來到韓國，並應徵上現代汽車集團國際公關部的工作。他在自己的著作裡誠實道來自己的角色：「聘用我可以讓外國記者覺得現代汽車是一家國際公司，我的職位有點樣板性質。」

在三星產線工作的小吳也是在上班一陣子後，才體會到自己被錄取的主因，是來自公司「聘用外國人＝邁向國際化」的想法。

同樣屬於三星集團、辦公室位於江南的「全球策略集團（Global Strategy Group, GSG）」也有幾位臺灣員工——應該說，這一個部門沒有韓國人。

這個部門是三星從一九九七年開始，以建立「內部顧問公司」的概念所打造，三星每年會到全世界各個頂尖學校，包括歐洲工商管理學院（INSEAD）、哥倫比亞大學、杜克大學、華頓商學院等，以全球每年近萬名頂尖名校的MBA畢業生為對象，舉辦就業說明會，發掘未來新一代經營管理者（類似儲備幹部）。這類員工在三星集團內被標註為「S級」人才，來自超過十八個國家，平均有六年工作經歷，平均年紀卻只有三十歲。雖然隸屬三星集團，卻算獨立組織，不屬於任何子事業群。

三星把這群來自不同國家的外國人，集合到這個全員都用英文溝通的部門，工作兩年之後再分發到子事業群，或調派回員工母國的分公司，類似儲備幹部的概念。

曾在臺灣電子公司工作、被外派到俄羅斯五年的承瀚（化名），在念完柏克萊大學MBA後，就被延攬到GSG。

高薪換絕情？

三星對S級人才很大方，簽約金加上月薪，保守估計承瀚在入社第一年就有一億到一億五千萬韓圓（約臺幣兩百七十到四百萬元）的收入。再加上公司為他租的房子就位在江南區，是離地鐵站走路只要五分鐘的大廈，二十六坪的兩房型公寓月租金兩百五十萬韓圓（約臺幣六萬八千元），全由公司支付。承瀚單身，但其他已婚、有小孩的同事，連同家人的保險、子女國際學校學費、跨國搬家費用等，也都全由公司負擔。

不過，如果上美國的求職評價網站Glassdoor[14]查詢三星GSG的評價，會發現得分只有二．八分（滿分為五分），跟許多MBA畢業生愛去的管理顧問公司，如三．七分的安永、三．九分的高盛、四．三分的麥肯錫比起來，這個分數相對低了許多。

職場文化難以適應///

Glassdoor網站除了能讓使用者對公司評分，也可寫下你認為這間公司的優點、缺點及可改進之處。大部分員工對GSG的評價很一致，優點諸如：薪水不錯、同事很棒、學得到很多東西；缺點則集中在「辦公室政治文化」以及「未來職涯」兩方面。

14：讓員工匿名評價職場的網站，類似臺灣的「求職天眼通」。

不透明的決策過程、以年資決定能否升職而非考績、員工做出的提案很難真正化為行動，常常只是紙上談兵等，都是GSG在這群外國員工眼中的短處，其中更有不少人也提到韓國文化讓他們難以適應。

大部分外國員工來韓前，對韓國文化了解並不多。新人訓練時，除了有韓文課程，也有韓國文化課程。承瀚就在某天受訓時學到了「noonchi」(눈치，眼色）一詞。在韓國文化裡，要懂得看人眼色，有點類似日本「閱讀空氣」或臺灣「察言觀色」的說法，是職場求生存的必要技能。

對喜歡直話直說、任務導向思考的西方人而言，在韓國卻容易一頭霧水，疑惑：「為什麼這個問題無法解決？」卻不知道自己其實是因為沒有韓國人的「眼色」，而遭到韓國同事討厭或有意無意的排擠。

成為高薪產業跳板

而這群韓文不通的外國員工在GSG待了兩年之後，就要被分派到不同的事業群，從全是外國同事、用英文可順暢溝通的特殊部門，進入韓國同事占多數的一般部門。雖然GSG會安排韓文老師，讓員工早晨上班前可以學一小時的韓文，遇到出差還可以補課。但大部分員工在幾個月後就會放棄學韓文。

「一開始有快二十人一起上課，」承瀚說：「過了半年，只剩下四個人還在學。」

在語言難通的情況下，這群被高薪請來的S級人才也跟身在產線的小吳一樣，可能面臨韓國同事「懶得用英文跟你解釋」的狀況。而且公司也不一定有剛好適合你的部門職缺，於是在兩年合約到期之後就走人的員工也為數不少，Glassdoor網站使用者給出的建議很多是「待個兩、三年就可以走了」，待過臺灣、俄羅斯、美國的承瀚也老實說：「我想在這邊待個兩年，再跳槽到別的管理顧問公司，或到東南亞試試看。」

也就是說，三星這一個每年人事成本至少花掉臺幣四億以上的部門，似乎真金換絕情的成為MBA畢業生的職場跳板。但對三星來說，這只是他們營造「國際化」形象的眾多方法之一，即使這些外國人最後成為三星的過客，至少仍在世界頂尖人才的心底灑下了三星的種子。

韓國企業的真實概況

韓國人的薪水結構與職級╱╱

韓國的起薪隨企業大小的不同，存在很大差距。以大學畢業的社會新鮮人來說，進入現代、ＬＧ、三星這一類的大企業，年薪可以有四千到五千萬韓圓水準（約臺幣一百一十到一百三十五萬元），也就是月薪臺幣九到十一萬元。但如果是員工未滿五人的中小企業，月薪卻僅有約一百三十萬韓圓（約臺幣三萬五千元）；五人以上、未滿十人的中小企業，則是一百七十一・八萬韓圓（約臺幣四萬六千元）。

韓國起薪雖比臺灣高，但實際薪資隨企業規模大小，存在很大差距。

左頁表格整理了韓國企業職級與中、英文職稱的對照，平均來說，每升一個職級所需時間快則兩年，慢則五、六年。通常在重視階級的傳統大公司才會有這麼多的職位，若是新創公司或新興產業，組織比較扁平化，職級就不會這麼複雜。例如我以前工作過的新創公司有七十幾位員工，我是基層的海外組組員，再往上是組長、部長到最後社長，就只有這四個職級。而我朋友在員工近千人的IT公司工作，由上往下則是社長、部長、課長、組長到一般社員，一共也只有五個職級。從代理晉升到管理職是最難的一關，所以韓國有「萬年代理（만년대리）」一詞的出現，就是在說那些卡在代理職位、一直無法往上升的職場人。

臺灣人闖蕩韓國的薪資待遇

我所認識的臺灣人如果是進入韓國企業的全職工作（full-time job），年薪至少兩千到兩千兩百萬起跳（月薪約臺幣四萬五到五萬元），依每個人的經驗、能力不同，可以再往上談。

□ 韓國公司職級與中、英文對照

	韓文職級	英文職稱	中文職稱
基層員工（실무자）	계약직 · 파트타임 · 인턴	contract worker, part time worker, intern	約聘人員、時薪人員、實習生
	사원 – 고졸	entry level（highschool）	職員（高中畢業）
	사원 – 대학교졸	entry level（University）	職員（大學畢業）
	주임	assisstant manager	主任
	대리	senior assisstant manager	代理
中階管理職（중간관리직）	계장	section leader	股長
	팀장	team leader	組長
	과장	manager	課長
	차장	division_manager	次長
	부장	senior division manager	部長
高階管理職（임원）	감사	auditor	監事
	이사	director	理事
	상무	executive director	副總監
	전무	senior executive director	總監
	부사장	vice president	副總
	사장	president	總經理
	회장	chairman	董事長

左頁表格是根據我所訪問到的幾位在韓國職場工作的臺灣人的薪水及基本資料，加以整理成表，讓大家稍微有點概念。表格中所列出的案例，都是年齡二十五到三十五歲的臺灣女性。

一份工作的薪水和職級，影響因素不只學歷和韓語能力，還包括過往工作經驗、其他特殊技能、公司大小、人脈，甚至是運氣。比較極端的像是前文提到的三星GSG員工，或被獵人頭挖角而來的高階主管，或是早在十幾年前嫁到韓國、爬到韓國公司管理階層位置的臺灣女生，我覺得比較不屬於常態案例，就不列在其中。

職稱不等同於待遇///

我曾經接觸過一間韓國大型遊戲公司，遊戲有各國版本，因應遊戲在地化的要求，海外組裡有美國、日本、中國、臺灣、泰國、法國等不同國家的員工。為了工作方便，民情相似的國家又會另外再形成一個小組區，如亞洲區、歐洲區，統籌這一區的員工就會被安上「Part長」（파트장）的稱

□ 在韓工作的臺灣人薪資調查整理

公司產業	職位	月薪 （換算臺幣）	學歷	韓語能力
網路公司	海外組組員	六萬三千元	韓國碩士	精通
新創公司	海外組組員	六萬一千元	臺灣碩士	中等
電子公司	顧客支援	七萬元	臺灣學士	中上
遊戲公司	海外組組員	七萬七千元	臺灣學士	精通
旅行社	OP	五萬元	臺灣學士	中等
華僑安親班	老師	五萬一千元	臺灣學士	中上
電商公司	客服	六萬元	臺灣學士	中上
免稅購物站	銷售人員	基本四萬二千元 抽成另計	臺灣學士	基本
美妝集團	實習生	四萬二千元	臺灣學士	中上

資料來源：作者訪問調查。

呼，這不一定是正式職稱，薪水也不一定會比一般員工高，有時還會由主管兼任，所以組織層級的複雜度與職稱的實質意義，端看各公司的企業文化而定。

如果是已經有工作經驗、想換到韓國職場的人，可以留意一下公司給你的職級頭銜是什麼，這也會成為影響你未來跳槽到其他公司的談判籌碼。

最後一哩——試用期///

大部分韓國公司和臺灣一樣，有三到六個月的試用期制度，試用期給薪通常是七到九成薪水，通過試用期後再把之前少給的幾成補齊。

在過去，韓國公司模仿日本的終生雇用制，很多人的職涯從一進公司的見習社員（수습사원）身分開始，通過試用期後轉為正式職員，之後便一路為同一家公司鞠躬盡瘁、直到退休。

韓國企業也有實習生（인턴）制度，讓在學學生利用寒暑假或課餘時間到公司工作實習。見習社員和實習生原是兩種完全不同的制度，韓國勞基

法雖然沒有規定試用期的長短，但有規定試用期的三個月內要給九成薪，三個月後若要解雇見習社員，必須有正當理由，否則就會被判定為不當解雇。但如果是用「實習生」制度招募新人，只簽短期實習合約，月薪不用給到九成。隨著這幾年經濟不景氣，不少韓國公司漸漸捨棄見習社員制，讓新人改簽實習生合約以節省成本。因為見習社員是已經確定要錄取，只是有試用期間；而實習生從學校畢業後，能不能從原本實習的公司謀得一職得視個別情況而定。這對企業來說不只成本較低、也不怕招進來的新人成為解雇不了的冗員。但對員工而言，就得花更多的時間成本，去爭取工作的安穩。

臺灣女孩Amy可說是實習制度下的犧牲者，她在臺灣已經有幾年工作經驗，拿著打工度假簽來韓國，被韓國某美妝品牌集團錄取。進公司後才發現，同一個職位有兩個新人員工，職稱掛的都是實習生，另一個是在中國念過大學的韓國人，他們要共同合作，一起負責勘誤產品的中文翻譯、拍攝內部影片等工作。等實習結束後，再一同接受考試和上級審核來決定誰可以留下，轉為正式員工。

「所以一個職缺，一次錄取兩個人？」我問：「等試用一陣子過後再決定要留下誰嗎？」

「對啊，不只我這個職缺，另一個職缺也是一次錄取兩個韓國人，最後再看誰會被正式錄取。」Amy說。

還以為這種像是川普《誰是接班人》的職場生存淘汰賽，只是電視上的實境秀，沒想到卻活生生成為韓國職場的常見劇本。

更荒誕的是實習尾聲的「審核」。Amy應徵的職位是負責此集團內的各個產品在華語圈市場時會用到的中文文件，等於這個職位的工作內容，面對的是母語中文的使用者，但審核「誰可以留下」的主試官，卻是一個不會中文的韓國人，這豈不等同於要足球員去當棒球比賽的評審嗎？

最後，韓文雖好卻也難比上韓國人的母語程度、未來還需要公司協助辦理簽證的臺灣人Amy，即使早在臺灣化妝品界打滾多年，還是被刷下來，又再次走上求職之路。雖然不確定競爭者的實力為何，以及公司實際的用人需求，但這種「實習生」制度不僅成為韓國人求職路上的難關，也是外國人在韓國職場時容易遇到的問題。

畢竟想留在韓國生活、工作，就需要好好經營手上的簽證。Amy所持的打工度假簽是她前進韓國職場的敲門磚，卻也是珍貴而有期限的入場券。這集團從求職到試用期就耗去她四、五個月時間，最後卻以未通過試用期、又得重新找工作作結。有句老話，機會是不等人的，其實我們往往也不知道，機會是不是在耍人。

年薪百萬，每月卻得付韓國政府九千塊 ///

不少人決定留在韓國的原因，就是韓國的薪資水準比臺灣高。省吃儉用的話，在韓國存錢的速度可以比臺灣快。不過同一份工作，雖說在韓國的薪水會比臺灣高，但實際能拿到的金額卻還得東扣西扣，還會遭受身為「臺灣人」特有的不平等待遇。

從薪水中要扣除的包括什麼呢？國民年金、健康保險、雇用保險、工商保險、所得稅以及地方稅。細節怎麼計算，韓國人力銀行網站Saramin貼心提供自動試算公式（www.saramin.co.kr/zf_user/tools/salary-calculator），直接輸入年薪，系統就會自動告訴你實際上每個月到底可以領多少錢。

前文提到韓國薪水時，為了讓讀者方便比較，一併先換算為月薪，其實韓國人在談薪水時習慣談「年薪」。若以臺幣為單位舉例，年薪一百萬（約三千五百萬韓圓）中，每個月的薪水得付出國民年金三千五百元、健康保險兩千五百元、雇用保險五百元、所得稅一千九百元及地方稅兩百元。等於一個月的薪水裡有近九千塊臺幣要繳給韓國政府。年薪百萬，實收卻只有近九十萬。

咦？身為在韓外國人，為什麼我們要繳韓國的「國民」年金呢？

韓國的國民年金帶有一點勞保的性質，在韓國工作的外國人是強迫繳納，公司會直接從薪水裡扣除四・五％。但不同國籍的外籍勞工中也分成不用繳納，以及回國時可以一次領回的（還附贈利息！）。端看韓國政府跟其他國家政府怎麼協商，例如美國、德國、法國等國人民，可以在返回母國時一口氣把之前繳的國民年金全部拿回來。如果是工作三年、年薪一百萬臺幣的美國人，在離開韓國時可以拿回原先被扣掉的十多萬臺幣。

如果是臺灣人呢？一毛都沒有。

二〇一四年，在韓國工作的臺灣人Iris發起連署，希望讓臺灣人也可以在離開韓國時獲得韓國國民年金「一次性返還金」（Lump-sum Refund）。但這問題牽涉到國家之間的平等互惠協定，也就是說韓國政府的態度是「你怎麼對我，我就怎麼對你」。

在《海外華人之公民地位與人權》一書中提到，韓國年金公團認為，臺灣在退還給外國人國民年金時，會扣除產災保險費之後才退還，這與韓國會全部退還的「一次性返還金」概念不同，所以按照外交之間的互惠原則，既然臺灣不退給我全部，我當然也不退給你全部，甚至加倍奉還，全部扣著，一個子兒都不給你。

那為了在韓臺灣人的國民年金，臺灣政府可以怎麼做呢？其實這不只跟外交部有關係，還得跟臺灣的勞動部、衛生福利部協商，協商後才能再去跟韓國政府談。在韓臺灣人的人數不多，也不是政治上的大角色或大金主，能夠獲得的關注度自然也不高。據Iris所言，在接到大家的連署陳情後，外交部亞太司韓國組的課長很熱心的回覆及處理，但最後還是不了了之，甚至還有別的外交部官員回覆Iris：「直接打勞動部總機去問就可以了，外交部方面『樂見其成』。」這類話語。聽在人民耳裡，只覺得既官腔又風涼。

撐滿一年，只為多拿一個月薪水//

我有一位在Airbnb的韓國客服外包單位的朋友，在工作滿一年多之後，有天在Facebook上寫道：「忍了一年，終於自由了！」原來中間一直壓力大到受不了、極想離職的他，為了退職金跟做滿一年的獎金，硬是逼自己忍了一年。因為忍過這一年，就可以多拿一個月的薪水。

韓國薪資除了習慣用年薪為單位，還有個特殊制度「退職金（퇴직금）」。只要達到每週平均工時超過十五個小時、工作滿一年的條件，員工在離職的時候，老闆就必須多給相當於一個月的薪水，做為退職金。

退職金同樣也有網站（www.moel.go.kr/retirementpayCal.do）可以自動幫你算，只要照網站上的空格填好入社日期、離職日期，再把最後三個月領到的薪水金額填進去，就可以算出公司應該付你多少退職金。

在跟公司談薪水時，也得注意退職金是包含（포함）還是另計（별도）。如果是包含，等於年薪是除以十三個月，做滿十二個月，才能拿到第十三個月的退職金；如果是另計，則是年薪除以十二個月，退職金另外發。

以年薪三千六百萬韓圓舉例計算，包含的算法：三六〇〇÷十三＝二七七萬，一個月只能拿到（稅前）兩百七十七萬韓圓。做滿一年才有完整一年的年薪。

另計的算法：三六〇〇÷十二＝三〇〇萬，一個月能拿到（稅前）三百萬韓圓。做滿一年還有再多一個月的錢。三六〇〇＋三〇〇萬＝三九〇〇萬，真實年薪其實是三千九百萬韓圓。

所以談薪水時退職金是包含或另計，差距會頗大，也是公司將薪資灌水的手法，許多員工為了多這一個月的薪水，會撐個一年再離職。說起來，其實跟臺灣人為了領年終而忍到過年後才離職很像，只是臺灣的年終比較像福袋，不知道裡面會是幾個月的薪水；而韓國的退職金比較明確，做滿一年就是一個月，做滿兩年就是兩個月。沒有驚喜，卻也不會有驚嚇。

有趣？難適應？韓國職場文化

同事們，一起吃飯吧！

「咦？其他人呢？」埋首於電腦的宇瓊轉過來對我說：「該不會沒有等我們就自己跑去吃飯吧？」

「欸……我也不知道耶。」才第二天上班的我，不怕要學的東西很多，也不怕記不住一堆姓名和臉孔，反正筆記抄下去，真的忘了什麼再問人就好。我最怕、也最無法掌握的就是午餐時段。飯是一定要吃的，但在一個全新的環境裡，要跟誰吃？去哪吃？吃飯的時候要聊什麼？是個性其實有點怕生的我最有壓力的事。

每次進入一個新的職場，我一到十一點五十分就會開始惴惴不安，想著中午該怎麼辦。幸好在喜愛集體行動的韓國社會，午餐時段當然是跟同事們一起吃。部門同事會向我招招手：「Fion，走吧！」很自然的把我納入午餐的同伴一員。

「Fion想吃什麼？有什麼不吃的嗎？」同事問我。

「都可以，我不挑食，什麼都吃。」我是真的不挑食，就算挑食也不會選在這時候顯露，盡全力當個配合度一百分的好咖。

主管也很識相，知道自己的存在會讓大家不自在，所以只有第一天為了歡迎我而一起吃飯（當然是他請客），平常並不會加入我們覓食的行列。

好友的公司則是「強迫中獎」，每個禮拜抽一次籤，安排一起吃飯的夥伴，逼同事藉由吃飯來交流感情。若遇到挑剔又麻煩的同事，每天的午餐時光就會變得很痛苦。這時就會看到有人以「我想減肥，我自己帶便當喔」或「我不餓，不吃了」等藉口來避開和同事的飯局。

我就曾經遇過一位在美國長大、英文講得比韓文還溜的小主管，拿出自己做的三明治，坐在位子上默默的午餐。看他從茶水間冰箱拿出三明治，自在的走回自己座位的模樣，說實在的，我心裡有點羨慕。

便宜的員工食堂///

韓國許多公司會設有自己的餐廳，讓員工不用到外面覓食。韓國演藝圈就傳說經紀公司ＹＧ的員工餐廳很美味，甚至連演員車勝元都曾經開玩笑的說，會加入ＹＧ是因為好吃的員工餐。我的泰國前同事在找到遊戲業的新工作之後，也努力遊說我加入他們的公司，希望跟我再續同事緣。但我對遊戲業沒有研究，一直提不起勁投履歷。有天，同事傳來一張蔘雞湯套餐的照片。

我：「喔~今天初伏，你去吃蔘雞湯[15]啊？」

泰：「這是今天中午的員工餐。」

15：韓國人習慣在夏季的三伏天吃蔘雞湯補身體。

三星提供的員工餐點。

SBS電視臺的員工餐廳位於高樓層，光線美環境優。

我：「什麼?!你們的員工餐竟然是蔘雞湯！」蔘雞湯算是高價位的料理，在外面吃要八千到一萬韓圓（約臺幣兩百到三百元）呢！

泰：「對啊，我們的員工餐很好吃，每天都有不一樣的變化。」

我：「感覺很不錯耶！」

泰：「所以妳快點投履歷啊！來這邊工作，每天午餐錢都省下來了。」

這間遊戲公司員工只有五百多人，在韓國稱不上大企業，但遊戲業是很賺錢的行業，加上公司附近的餐廳選擇不多，所以設置了內部食堂。

韓國人也習慣在家裡吃早餐，不像臺灣路上到處都是早餐店，中、西式都有得選。首爾地鐵內可以飲食，我上班時都會在地鐵站旁邊的便利商店買個三角飯糰，抓著飯糰在車廂裡站著吃，到公司附近再買杯咖啡帶到辦公室喝。在三星工作的承瀚則是三餐都在員工餐廳解決，有時餐費額度沒用完，還會去外帶水果回家。

每間公司的員工餐廳制度不同，有些是完全免費，有些是部分補助。「樂天百貨的員工餐只要一千韓圓（約臺幣二十八元），很便宜。」在樂天百貨裡當櫃姐的佳瑩說：「但是沒有很好吃，我都會先去看今天的菜色如何，再決定要不要吃。」其他像現代汽車、韓華集團、LG、NAVER、SBS等大公司也都設有員工餐廳，讓員工省時、省錢也省力，就可以輕鬆解決一餐。

燒酒杯杯喝，感情快快好///

跟韓國人打交道，最讓人害怕的或許就是「燒酒」了。前美國記者法蘭克．阿倫斯在他的著作《韓國，原來如此！》一開頭，就描寫著這樣的場景：「韓國流行音樂砰砰砰的轟進我雙耳，熱力四射的程度教人不敢領教；二手菸充塞我的肺，我原本乾淨清爽的襯衫早已被汗水浸濕，上面還留有稍早吃晚餐時噴濺到的牛肉汁和神祕醬料；一閃一閃的彩色燈光切割著這個漆黑的密閉房間，我跟十多個大叫大嚷、拍掌喝采、又笑又鬧、勾肩搭背的韓國人擠在裡面……他們不么喝、不唱歌的時候，就忙著把某種裝在綠色小瓶子裡、由幾個中年韓國人送進來的不明液體全吞下肚。」

在韓國待了四年的我讀到這段文字時，立刻心領神會這寫的是「會食

（회식）」的第二攤。「會食」意指公司聚餐，通常是全組或全部門員工一起聚餐，由公司出錢買單。平常透過硬邦邦的工作交流，難以認識彼此，那就藉著吃飯喝酒放鬆心防，讓感情加溫。對於喜愛團體活動，強調團結的韓國人來說，喝酒博感情是一件非常正常的事。不只工作，連平常的生活也很習慣有酒精相伴。

韓國人聚會常常會到晚上十二點、一點才散場，好幾次我和老公的朋友們一起吃飯，即使是帶著才四、五歲的小孩出席的朋友，也會陪著我們一路吃喝到最後，不像臺灣父母會以「我們家小朋友的睡覺時間到了」為由先離開。一群人去露營也是邊烤肉邊喝酒，小孩就在一旁跑來跑去。酒精，是非常自然的存在。

而韓國的大一新鮮人入學後必參加迎新宿營，向來也充斥著喝酒、遊戲，大學生活中一路到學校的忘年會、社團聚會、聯誼……幾乎每一個場合都有酒精。等於從小看著大人喝，到長大了自己跟朋友喝，進入職場，自然也習慣用酒精和其他人打交道。

對於日常生活中得謹守上下關係，轉換敬語、非敬語的韓國人來說，

韓國職場的「會食」總是要續好幾攤。

喝了一點小酒微茫的狀態，就好像能夠跨越一點禮儀的邊界，也不會被特別注意，可以比較放鬆。以我自己來說，因為個性比較怕生，藉著酒精催化，才有勇氣拉著韓國女性朋友的手：「歐膩[16]～幫我看這是什麼意思。」所以我能夠理解，對喜歡結群成黨、拉關係的韓國人來說，酒精是幫他們加速拉近彼此距離的好工具。

只是工具一旦被濫用，就會帶來負作用，甚至從解藥變成毒藥。為了凝聚團結心，讓員工用公司的錢聚餐的「會食」，後來演變成職場人下班後卻無法回家休息，還得跟同事、上司們聚餐應酬，被半強迫的灌醉，連續好幾攤的喝到半夜，隔天卻還是得準時上班打卡，成為讓人心累身也累的惡性循環。

在各種暴飲猝死的新聞、肝病防治宣導，甚至連續劇、綜藝節目的影響之下，現在許多大企業也開始帶頭改善，像是ＳＫ證券提出「１１９會食」口號，就是只喝一種酒（混著喝容易醉，只喝一種會比較輕鬆）、只去一間餐廳（吃飯就好，不用續攤到ＫＴＶ唱歌）、九點以前結束。讓大家純聚餐交流感情，不用再像以前得喝到半夜才能回家。

身在韓國職場的臺灣人，其實還有一道「外國人」的金牌可用。法蘭克·阿倫斯在書裡就提到，身為一個部門裡少有的西方面孔，他「拿到了韓國籍同事都沒有的大富翁桌遊『老外出獄許可證』」，別的同事要乾杯，他只需要配合著拿起杯子有個動作，輕啜一小口就好。

雖然一個外國人身在韓國職場，難免碰上升職的透明天花板，但相對的，外國人身分也是一個百搭的好用理由：「我們××人（臺灣、美國、英國……自行帶入）沒有這樣的習慣。」或許有些白目會逼迫你：「來韓國就要照韓國的習慣做。」不過對於這樣的人，本來拿什麼理由都是沒用的，只能閃遠一點。

如果你本來就好杯中物，跟韓國人打交道絕對可以輕鬆一點，算是一條捷徑。但如果不喜歡喝，其實也是交得了朋友，畢竟韓國人中也有不少人討厭這樣的喝酒文化。而且日久見人心，可以在別的地方展現你的本事和親和力，不用勉強自己一定得跟上韓國人喝酒的節奏。

16：언니，姐姐的意思。

外國人終究難成自己人／／

在韓國職場打拚，外國人的身分有優點也有缺點。優點像是前段提到的「老外許可證」，當你遇到不喜歡也不想習慣的韓國職場文化時，可以用「我們國家沒有這個習慣耶……」來稍微閃避。如果韓文有時候聽不懂，對方也會多一點理解心。

但韓國人對外國人的理解心並不是長期的，像雅琪和中國同事在年薪協商的時候，就總是遇到「韓文不夠好」的狀況。

她的公司在員工就職滿一年之前，會開始做個人考績評比和加薪比例協商。主管針對員工的整體適性（出缺勤、團隊合作、忠誠度等）以及業務評價（工作成效、業績等）考核。員工自評、主管考核後，接著是個人約談，檢討過去一年的優缺點、需要改進的部分、未來的期待等。

「妳的韓文已經很不錯了，但是形容詞比較單調，可以再多一點。」組長在個人面談時對她說：「像中國同事A，韓文也很好，就是連接詞用得比較不順暢。」

明明是要做工作表現的考核，怎麼卻成為韓文能力的評比？組長也知道，有點不好意思的對雅琪說：「你們是外國人，大家難免會特別注意你們的韓文能力。」

在三星工作八年的曉筠（化名），也已經享受不到外國人身分的紅利。「工作時要用到中文、英文、韓文，寫報告或打電話時，有哪句韓文不小心用錯了，就會被酸『怎麼這個也會錯？』」身為組長的曉筠抱怨：「現在韓國人根本沒把我當外國人看啊，他們是用韓國人的標準來要求我的韓文。」

除此之外，還有身為外國人在職場看不見的透明隔閡。「明明是我們外國職員在幫韓國品牌操作海外廣告，但如果要跟品牌做簡報，就會換成韓國同事上場。」雅琪頗為不滿：「像有次中國廣告出問題，朝鮮族同事想親自跟客戶解釋來龍去脈，卻被組長擋了下來，派韓國同事去開會。」

公司認為，讓韓國人跟韓國人去談比較方便有效率，對外籍員工來說卻有種被當成傭兵、工具人的感受。想獲得跟韓國員工一模一樣的評比標準、升遷速度，得比韓國人更拚才行。

「公司根本沒有把我們當成自己人。」雅琪覺得有點委屈。

在越南臺商企業工作過的我卻有不同想法。幾年前，我被外派到胡志明市，全公司裡裡外外大約一千名員工，我和同期同事卻在進公司第一天就被帶去和總經理打招呼，和副總吃晚餐，之後還三不五時要和董事長同桌宴請客人，而那些場合從來沒有越籍同事現身。我當時才二十七歲，職稱只是專員，爸媽也都是普通人，憑什麼我可以和公司的高管階層同進同出？

只因為我來自臺灣，是臺灣人，所以可以直接跳級，被視為儲備幹部來培育，和我年紀相仿、差不多學歷背景的越南同事卻很難獲得同樣的待遇。別以為這只是亞洲文化的企業特色，我在越南所遇到的歐美企業高層，九成都是操著流利英文的西方面孔。這難以分類為歧視或歸咎於誰，就只是許多企業習以為常的做法。

身為一個外國人，要成為韓國公司的「自己人」，必須花更多時間和精力證明自己：證明能力、證明潛力、證明忠誠度，有時並不是努力就一定會有成果，還包含各種複雜的因素，包括產業環境、自身的專業度，甚至運氣和機緣。

在韓國職場、韓國企業，我們永遠是外國人，這不是什麼「韓國人排外」的證據，而是不管在哪個國家都會遇到的現象。而韓國企業會雇用臺灣人，也是因為他們需要某些在韓國員工身上找不到的特質。同與不同，理解對方的不理解，我想是不管在哪一國職場都能長久走下去的心法。

—結語—

傻的不是夢，而是永遠不行動

臺灣社會經常對「外國」存有美好想像，對能夠在國外生活的人，我們往往眼光是向上瞧的。早期有不少留學生拿了獎學金出國念書，後來留在國外工作、拿居留權，再一個拉一個，把家人都移民過去。

我的家族中就有不少「美國人」，兩位舅舅都是很會念書的高材生，在美國的工作也頗有地位。阿姨夫婦帶著兩個不到五歲的小孩投靠他們，開過中國餐館、洗衣店，也掙得一片天。我的表哥、表姐曾因膚色在成長過程中吃了不少苦，不過談到國族認同，他們仍覺得自己理所當然是美國人。

我的爸爸也曾拿獎學金到美國留學，差點我就會跟表哥、表姐一樣，成

了持美國護照、臺語比中文溜的ＡＢＣ。雖然爸爸總是對為什麼放棄能簡單到手的綠卡的原因三緘其口，卻沒想到他的女兒竟然長年在越南、韓國闖盪，最後還嫁給一個韓國人。

舅舅們從小家裡窮，移民是他們人生的轉捩點，是階級向上流動的手段。而我在韓國生活四年中遇見的這些臺灣女孩，對人生多半還帶有好些迷惘，韓國也不一定就是她們的目標終點。在韓國的日子，對她們來說更像是人生的暫停鍵，給予一段休息、思考、重啟的時間。

上一代和這一代面對的課題相異，在國際間遷徙移動的動機也不同。我一邊觀察幾年才能見上一次面的美國親戚，又回頭看著同在韓國、三不五時就能一起吃頓飯的臺灣朋友。也許對上一代，我只能做二手資訊的想像，但這一代，我卻身在其中。有人稱我們這個世代為「厭世代」、有人說代表字是「茫」，這讓我忍不住想執筆留下這個世代的足跡。

二〇一三年夏天我來到韓國，一開始念韓文，接著寫文章、出書、工作、結婚，一直待到現在。一路上，我時常很徬徨：要繼續待在韓國嗎？還是回臺灣呢？然後看著身邊朋友來來去去，有的留下來成為上班族；有的離開，到另個國度挑戰。

人生有許多關頭，三不五時就會遇到岔路口，我們不像父母那一代，選了一個方向就能直進到底，會遇到很多挑戰、有很多選擇，一波波浪潮打來，每個浪頭的形狀卻各不相同。

來韓國生活依然是很多臺灣女孩的夢想，我不認為「想交一個歐巴男友」或「想到偶像的公司工作」是很傻、不切實際的夢。沒有誰的夢想是傻的，幻想走在路上孔劉就會自己來跟妳搭訕，那才是傻的。傻的不是夢，是空有想像卻沒有行動。

這本書裡出現的內容是我從二〇一三年累積到現在遇到的人物和故事，以及各種在韓國職場打滾的規則與經驗，百分百真實，也因為太真實，很多人不得不使用化名。希望這些他們在追夢、實踐、圓夢或失落的各種過程中，能帶給你一些與我心裡相同的感動與成長。

她們的韓國夢：打工度假的美好與幻滅／FION 著. -- 初版. – 臺北市：時報文化，2018.5；面；
14.8×21 公分. --（VIEW：051）
ISBN 978-957-13-7399-7（平裝）

1.旅遊 2.副業 3.韓國

732.9

107005884

VIEW 051

她們的韓國夢：打工度假的美好與幻滅

作者 FION｜主編 陳信宏｜編輯 尹蘊雯｜執行企畫 曾俊凱｜封面設計 兒日｜總編輯 李采洪｜發行人 趙政岷｜出版者 時報文化出版企業股份有限公司 10803 台北市和平西路三段240 號 3 樓 發行專線—(02)2306-6842 讀者服務專線—0800-231-705・(02)2304-7103 讀者服務傳真—(02)2304-6858 郵撥—19344724 時報文化出版公司 信箱—台北郵政79-99 信箱 時報悅讀網—www.readingtimes.com.tw 電子郵件信箱—newlife@readingtimes.com.tw 時報出版愛讀者—www.facebook.com/readingtimes.2｜法律顧問 理律法律事務所 陳長文律師、李念祖律師｜印刷 詠豐印刷有限公司｜初版一刷 2018 年 5 月18 日｜定價 新台幣320 元｜（缺頁或破損的書，請寄回更換）

時報文化出版公司成立於一九七五年，一九九九年股票上櫃公開發行，二〇〇八年脫離中時集團非屬旺中，以「尊重智慧與創意的文化事業」為信念。